U0923719

前 言

混凝土梁式桥因其自身的优点成为目前我国使用最广泛的桥型。随着时间的推移,混凝土梁式桥的损伤及其耐久性衰减、承载能力降低等问题在使用过程中逐渐暴露出来,一大批早期修建的装配式空心板、T 形梁桥出现单梁(板)受力,大跨箱形连续梁、连续刚构桥普遍出现腹板开裂和下挠严重等现象。因此,要及时对运营中混凝土梁式桥的损伤状况进行适时评定,以满足桥梁科学养护、可持续发展的需求。

本书在借鉴国内外桥梁检测和评定先进技术以及科研成果的基础上,通过对我国公路混凝土梁式桥损伤状况进行综合调研,采用多指标、多层次的结构损伤评定指标体系,建立了定性、定量描述并配以损伤图形标杆的评定指标;采用桥梁的损伤指数表征桥梁损伤状况,用分项打分加权评定法评定各部件的损伤程度,最终评定桥梁结构的损伤状况。我们希望本书能够为科研、技术人员提供参考,为提高我国公路混凝土梁式桥损伤评定技术水平作出贡献。

本书共分 5 章。第 1 章介绍了混凝土结构损伤现状、我国公路混凝土梁式桥损伤状况及损伤机理和成因分析。第 2 章介绍了混凝土梁式桥损伤评定指标及其选取原则、指标体系的构成。第 3 章介绍了混凝土梁式桥损伤评定工作流程、评定等级和权重,并详细介绍了各部位、结构损伤状况评分方法,给出了评定为危险桥或差桥的指标。第 4 章介绍了各损伤指标的评定标准,并对部分指标给出了具体的图形标杆。第 5 章给出了混凝土梁式桥损伤评定的实例。

参加本书编写的人员有樊平、张科超、吴寒亮、和海芳、冷艳玲。本书的编写得到了交通运输部公路局、交通运输部西部交通建设科技项目管理中心、业内相关单位领导及同行的大力支持和配合,在此一并表示衷心的感谢。

由于编写时间仓促,加之学术水平和能力有限,疏漏、谬误之处在所难免。特别是目前我国桥梁损伤类别繁多,“图形标杆”评价系统还需在今后的实践中不断丰富完善。为此,敬请桥梁工程师们在应用中提出宝贵意见,以便日后更正完善。意见请寄至交通运输部公路科学研究院(地址:北京市海淀区西土城路 8 号,邮政编码:100088)。

编者

2013 年 7 月于北京

目 录

1

概　述

1.1　混凝土结构损伤研究现状

自英国土木工程师协会(ICE)发表《既有结构的评估》[1]之后,联合国"经济合作与发展组织"主持召开了关于"道路桥梁维修与管理"国际会议,要求对现有桥梁结构进行全面的调查和评估。美、英、加拿大等国先后颁布了基于结构性理论和设计规范的桥梁评估规范或文件[2, 3]。J. T. P. Yao[4]成功地将模糊数学应用于震后结构破损评估和旧有结构性能评估的专家系统。Ah Beng Tee[5]论述了模糊集理论在桥梁状况评估中的应用,认为材料特性、桥梁的几何特性以及作用荷载是分析结构承载力的三个重要参数,提出了非常量权重的评估方法。考虑破损阶段的不同,引入变权重的概念,即破损越严重,权重越大。在确定桥梁损伤等级时,建议用所得结果与各个评语之间的 Euciliden 距离大小来表达。美国联邦公路管理局(FHWA)将桥梁划分成三个子系统(下部结构、上部结构、桥面),对每座桥梁收集 90 个项目的数据,将桥梁结构缺陷划分成 10 级来评估桥梁的缺陷状态[6]。美国 Pontis 桥梁管理系统主要负责公路交通网中中小桥梁的管理与维护,目前已经广泛用于其所属各州公路桥梁管理工作。系统采用网络优化模型和 Markov 决策过程实现桥梁养护维修预算的制订和资金的分配,通过效益/费用分析方法在限制预算内进行桥梁维修管理的决策[7, 8]。J. de Brito 等人针对混凝土桥梁开发了桥梁管理专家系统。该系统功能分为两大模块:① 检测模块,进行桥梁现场信息定期采集,基于知识的交互式系统作为补充;②梁管理策略优化模块,括检测策略、养护和维修三个子模块。系统采用了 FORM (first-order reliability methods)方法进行可靠性评价[9, 10]。Stephens[11]应用多个定量指标和 BP 网络对地震后结构的损伤进行评定,并认为神经网络能够给出比较可靠的结论。Szewezyk 和 Hajela[12]将结构静力位移作为网络输入,来识别结构刚度的变化,利用 CPN 网络对桁架和框架结构进行损伤识别。H. G. Melhem 等采用专家系统工具 CLIPS (C Language Integrate Production System)建立了桥梁总体评价程序,提出了采用模糊加权向量法,基于由重要性两两比较矩阵得到的权重,采用弱 α 分割和模糊加法得到相应各评价子集的模糊加权向量,提高了最终评价结果的稳定性,支持检测者评价结果的分散性,克服了对部分监测者可能不精确检测结果的敏感性。系统对桥梁结构的最终评价值分为 1 ~9 级,并按照各级指标的权重及评价结果进行检测和维修策略的制订[13]。

我国自《公路旧桥承载能力鉴定方法》(试行)[14]颁布后,不少学者开展了混凝土损伤评估方法方面的研究。西南交通大学钱永久教授通过引入模糊数学的概念与思想,将桥梁系统分解为若干个子系统，再将子系统分解为若干构件，对桥梁结构的损伤状态进行多层次模糊综合评判[15]。吕克明[16]将桥梁结构划分为六个可能受损主因素，主因素之下又分为若干影响各主因素评估的次因素，制定出适当的评估项目及各因素的评估方式，将桥梁损坏影响因素的评分作为输入，利用模糊数学原理建立了桥梁损坏模糊评估模型。西南交通大学开发的铁路桥条件评价专家系统(CARB)，采用了诸如破损数据的自动采集与自动生成、破损数据与评价准则的前提条件相一致等措施，并使用了综合评价指标与先行准则法这两种推断知识[17]。王永平等[18]在对数十位桥梁专家的咨询以及大量的调查研究基础上，收集整理了桥梁评估专家知识，提出了用损伤度来度量桥梁结构或构件的损伤程度，并采用模糊数学原理，建立了桥梁实用性能的模糊综合评估体系，并探索建立了桥梁评估的专家系统。西南交通大学郑凯锋提出用局部损伤度与总体损伤度相结合的概念来评价既有桥梁的损伤程度，并将其作为主体知识用于既有桥梁损伤评定与对策专家系统之中，取得了良好的效果[19]。潘黎明等[20]采用层次分析法、模糊数学理论和人工神经网络方法对斜拉桥的安全性及耐久性评估进行了深入研究，开发了大型桥梁安全性与耐久性评估的神经网络专家系统。其综合评估结果为桥梁总体状态对应于优、良、中、差、劣五个等级的模糊隶属度向量。陈少文等[21]针对当前公路桥梁养护管理工作的迫切需要，开展了在桥梁损伤评价与处治对策中应用和开发专家系统的新尝试，就构成该专家系统知识库和推理机制的需要，提出了公路桥梁损伤的评价方法、评价标准、对策方法和两个不确定推理指标，并用 Turbo - prolog 人工智能语言予以实现。姜海波和车惠民等[22]在对影响钢筋混凝土梁可靠性的各种因素变异性分析的基础上，采用一次二阶矩的验算点法对一座既有铁路混凝土桥梁在单元时段内的失效概率进行了估计，并根据剩余使用期内的失效概率与单元时段内失效概率的简单比例关系，对该梁剩余使用期内的失效概率进行估计等。胡雄等[23]应用模糊神经网络开发了以斜拉桥为背景的拉索桥安全性与耐久性评估专家系统。该系统能够根据桥梁监测过程中所获得的数据，对桥梁总体及其各个部分的状况进行评估，及时获得桥梁运行状态信息，评估其退化及损伤程度等。陆亚兴等[24]根据桥梁结构的特点以及缺损特征，提出了桥梁构件缺损状况的监测内容和构件的五级评定标准，将桥梁缺损状况指数 BCI 作为桥梁缺损状况的评价综合指标，建立了 BCI 的计算模型，通过主客观相结合的方法标定了模型中的各项参数，并探讨了 BCI 与桥梁养护维修对策之间的关系。张家维[25]结合灰色预测模型和统计方法评估混凝土的碳化损伤，并基于灰色区间回归分析方法，将混凝土的碳化规律表示为一有界区域，区域中的每一点都有一相应的权与之对应，用加权平均可靠指标表示结构的平均耐久度等。吴家合[26]采用了四种方法即单层、双层、多层和多目标多跨度模糊评估模型对既有钢筋混凝土桥梁损伤进行了评估。帅长斌和吕任东等[27]根据目前公路桥梁的现状，系统地提出了桥梁结构可靠性评估的基本特征，认为桥梁结构的可靠性包括安全性、适用性和耐久性三个方面，选用层次分析法建立递阶层次结构模型，在此基础上探讨了实现自动化评估系统的途径和方法。张永清和冯忠居[28]提出用层次分析法建立桥梁安全性评价模型，在专家咨询的基础上，借助多级模糊综合评判和打分法相结合的方法，分析确定影响桥梁安全性各因素的权重及隶属度，并计算出桥梁安全性的总评分，据此确定桥梁的安全性等级。兰海和史家均[29]引用灰色关联分析和变权综合的概念，提出了量化并确定评价指标评语和其他层次指标评语的综合方法。夏进明[30]为了准确地把握现有城市公路桥梁的损伤程度，将桥梁评定单元划分为下部结构、支座、上部结构及桥面系四个组合项目，每个项目包括若干个子项，在各个层次上直接对可靠性进行评级。

综上所述，目前对混凝土桥梁的技术状况评定，主要是采用层次分析结合专家调查的方法，凭借专家打分并引入影响权重的经验性、粗定量评估方法，即采用以专家调查和经验为主的模糊评价方法，尚未结合结构的特点，将结构损伤程度定量化地体现到技术状况的评定之中。

1.2 我国公路混凝土梁式桥损伤状况

1.2.1 损伤的定义及描述方法

损伤是指在单调加载或重复加载下，材料的微观缺陷导致其内聚力的进展性减弱，并导致体积单元破坏的现象。混凝土结构材料中的损伤有的是在施工中引起的初始损伤，有的是在外力作用或环境因素影响下产生的损伤。材料损伤的描述模型按其特征尺寸和研究方法大致可分为微观、细观和宏观三种。混凝土桥梁的损伤研究目前基本处于对宏观损伤的定性评价阶段，对其微观和细观层次的损伤评价处于理论探讨研究阶段，尚未达到工程应用的要求。损伤对桥梁结构的影响主要表现在结构强度的下降和结构体系受力特性的变化，通过试验研究宏观层次损伤对桥梁结构体系的影响，进而分析混凝土梁式桥的损伤状况。因此，根据梁式桥的结构特点和梁式桥典型损伤特征，在进行混凝土梁式桥损伤状况的评定时分为材料损伤、构件损伤和结构损伤。就混凝土梁式桥而言，材料损伤主要表现为混凝土材料性能的退化和钢筋的锈蚀所引起的一系列问题；构件损伤主要表现为结构的开裂和缺损；结构损伤主要表现为结构构件发生损伤后对整体结构受力的影响，具体表现如下。

在材料层次上，主要表现为环境作用引起的材料性能劣化，包括混凝土碳化、氯离子侵蚀等所导致的钢筋锈蚀与混凝土胀裂、混凝土的碱—集料反应、冻融循环破坏等。其中，钢筋锈蚀是混凝土桥梁材料损伤的突出问题，也是目前在桥梁检查过程中无法通过表观损伤程度来定量化判断的指标，对钢筋锈蚀的量化评定是桥梁检测评定中的瓶颈问题。

在构件层次上，主要表现为荷载或外力作用所致的构件开裂或截面损失。构件层次的损伤会导致内力或应力重分布，对构件的承载性能产生重要影响。裂缝的分布特征可以反映构件的应力分布和刚度衰减情况，其损伤判定指标需考虑裂缝发生位置、长度、宽度、间距等特征量；截面缺损特征主要由缺损的位置、面积和深度确定。

在结构层次上，主要表现为结构连接构造或重要边界条件发生开裂、失效等不可逆变化。结构层次的损伤将导致结构整体承载性能下降或引发局部构造破坏、失稳。对混凝土梁式桥而言，结构层次损伤突出表现在横隔板、铰缝等横向连接构造以及连续现浇段、节段接缝等纵向连续构造的开裂、破损等。

连续损伤力学通常采用定义一种损伤变量来描述材料的损伤状态，在确定损伤变量时通常采用以下对所研究的损伤过程比较敏感、在检测过程中便于测定和统计的量：

①按空隙面积定义损伤标量；

②按空隙配置定义损伤张量；

③按弹性模量的变化定义损伤张量；

④通过剩余寿命定义损伤变量。

在实际应用过程中，对于混凝土梁式桥而言，损伤的基准量可以有以下几种：

①空隙或裂缝的数量；

②缺损的形状和面积；

③弹性常数，如屈服应力、延伸率、弹性模量；

④固有特性，如超声波速度、声发射、阻尼比等。

1.2.2 我国公路混凝土梁式桥损伤现状

通过对国省道干线公路上的混凝土空心板桥、现浇板桥等近500座混凝土梁式桥进行损伤状况调查，并对调查结果进行总结分析，得到各种形式混凝土梁式桥的典型结构和构件损伤如下。

(1)空心板梁桥

空心板梁桥的典型损伤为：铰缝开裂破损，板底面纵向裂缝，跨中区段受弯裂缝，端部腹板上方竖向裂缝，中性轴附近的横向裂缝和预应力钢束位置的针脚状裂缝，见图1-1～图1-6。

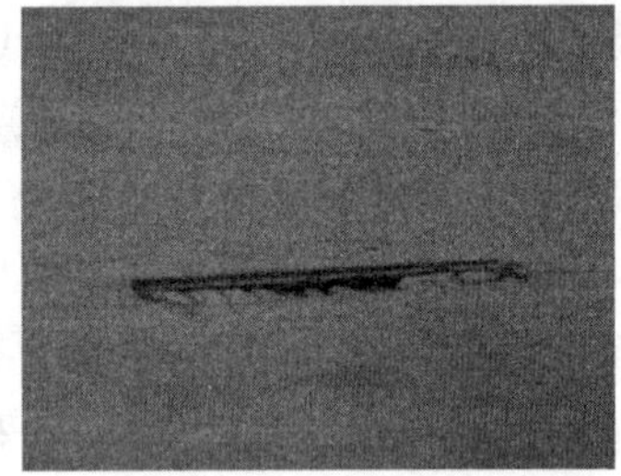

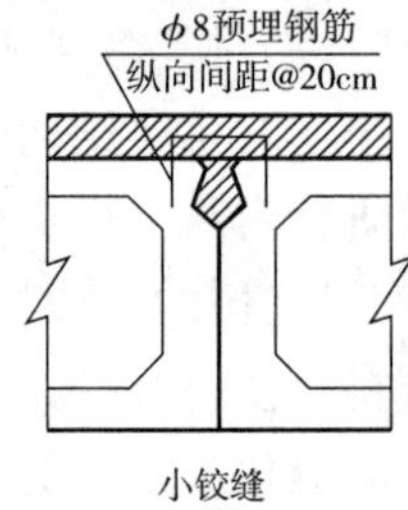

图1-1 铰缝开裂

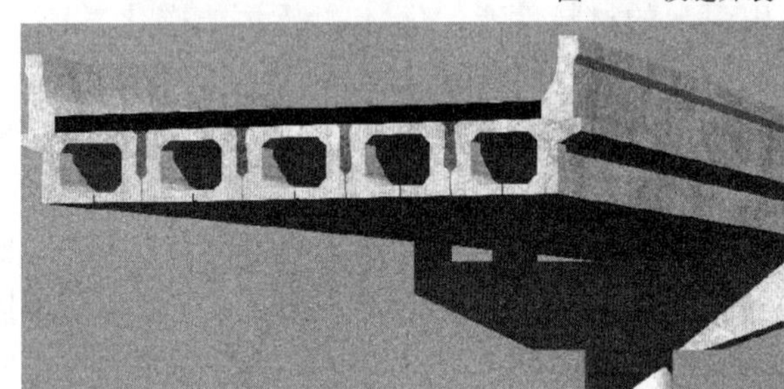

图1-2 板底面纵向裂缝

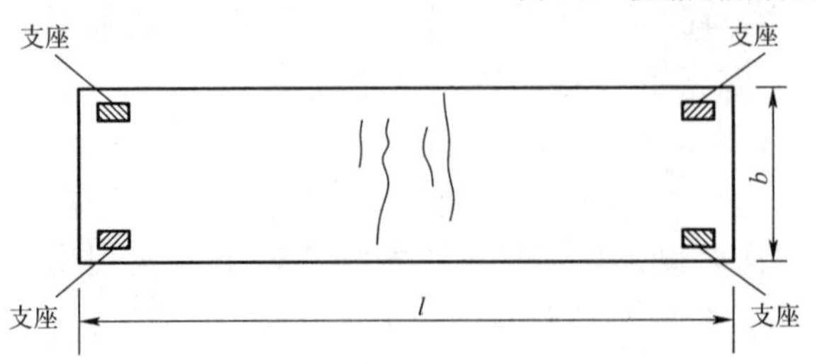

图1-3 跨中受弯裂缝

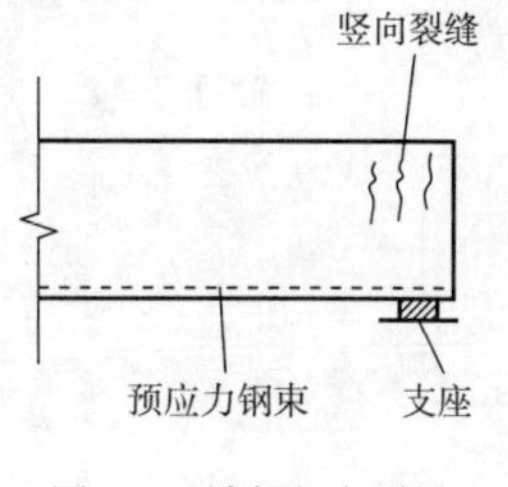

图 1-4 端部竖向裂缝

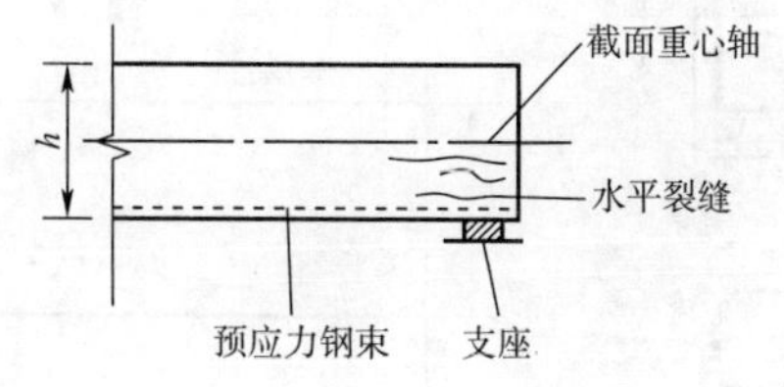

图 1-5 中性轴附近横向裂缝

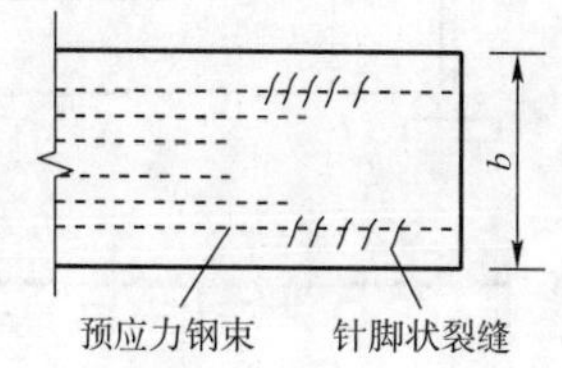

图 1-6 预应力钢束附近针脚状裂缝

(2)整体现浇板桥

整体现浇板桥的典型损伤为:板底面的纵向裂缝(图 1-7)和跨中区段底板受弯裂缝。

图 1-7 板底面的纵向裂缝

(3)T 形梁桥(工形梁桥)

T 形梁桥的典型损伤为:跨中区段受弯裂缝,梁端肋板弯剪斜裂缝,梁端部区域水平裂缝,梁端沿预应力方向裂缝,翼板现浇段开裂,横隔梁或铰缝的开裂,详见图 1-8 ~ 图 1-12。

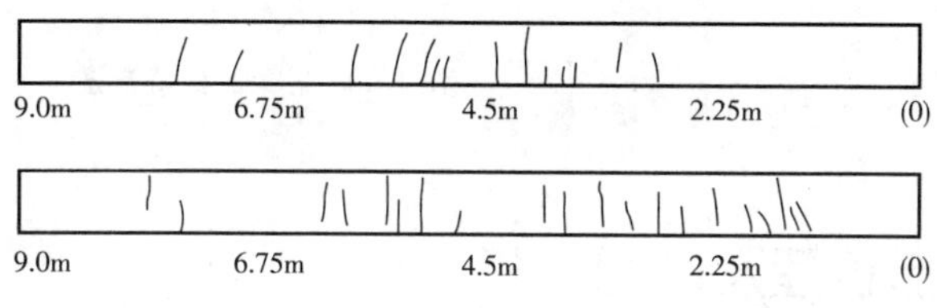

图 1-8 跨中受弯裂缝

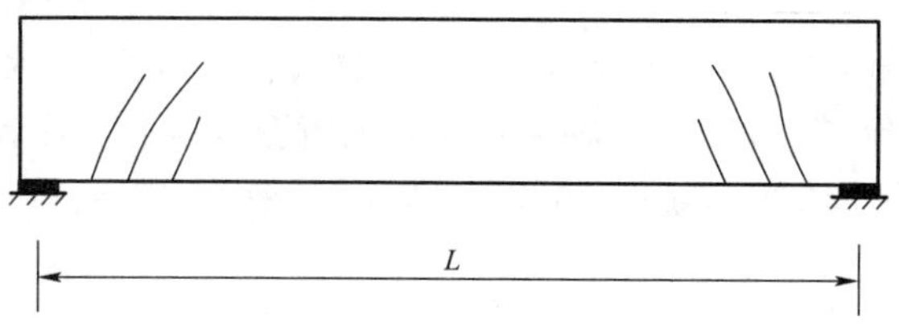

图 1-9 梁端斜裂缝

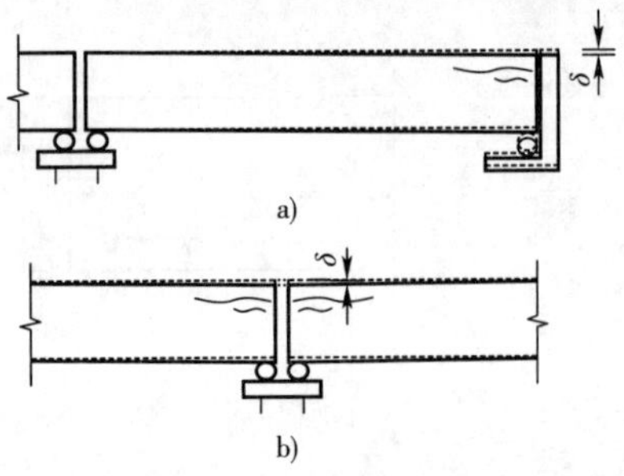

图1-10　梁端部区域水平裂缝

图1-11　梁端沿预应力方向裂缝

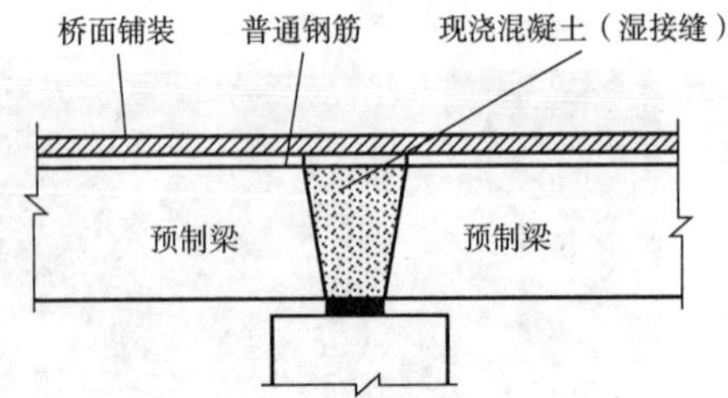

图1-12　现浇段开裂

(4)预应力混凝土连续梁桥和连续刚构桥

预应力混凝土连续梁桥和连续刚构桥的典型损伤为:跨中区段受弯裂缝,箱梁腹板斜裂缝,节段接缝附近的横向裂缝,齿板及其附近裂缝,箱梁底板纵向裂缝,详见图1-13和图1-14。

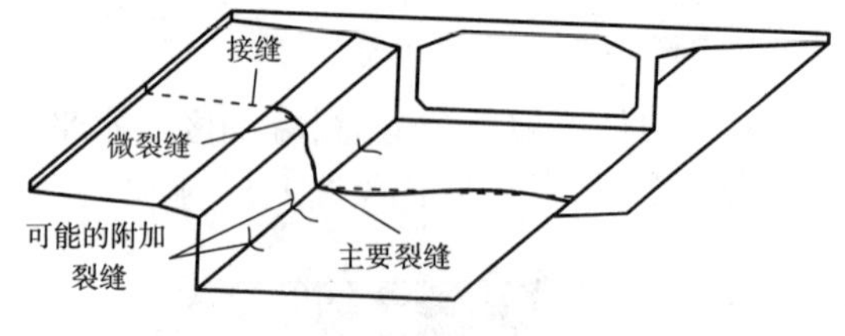

图1-13　接缝附近的横向裂缝

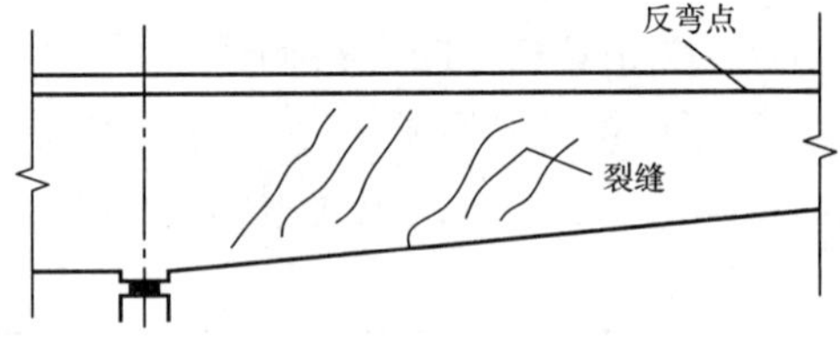

图1-14　箱梁腹板斜裂缝

1.3　混凝土梁式桥损伤机理及成因分析

1.3.1　材料损伤机理及成因分析

混凝土梁式桥的材料损伤主要是由环境作用引起的耐久性损伤,表现为:①混凝土碳化导致的钢筋锈蚀;②氯盐侵蚀引起的钢筋锈蚀;③冻融循环导致的混凝土损伤;④硫酸盐等化学物质与水泥水化产物反应导致的混凝土损伤;⑤盐类结晶膨胀引起的混凝土损伤;⑥碱—集料反应引发的混凝土损伤等。

(1)混凝土碳化

混凝土碳化是混凝土中性化的一种表现形式。混凝土碳化主要是由于水泥中的水

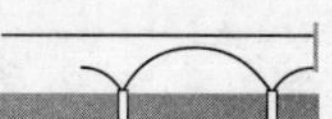

化物(如氢氧化钙、水化硅酸钙、水化硫铝酸盐等)与 CO_2(通过裂缝、空隙等扩散到混凝土中)反应(即碳化反应),生成 $CaCO_3$,使混凝土的碱度降低。水化硅酸钙由于碳化反应除生成 $CaCO_3$ 外,还生成 SiO_2,在混凝土表面发生起砂现象。水化硫铝酸盐由于碳化反应除生成 $CaCO_3$ 外,还生成 $Al(HO)_3$。这些没有胶凝性质的组分,会使混凝土的强度降低。

钢筋混凝土结构中的钢筋由于混凝土中的 $Ca(HO)_2$ 而处于强碱性保护下,在一般大气环境下不易发生钢筋锈蚀。但由于混凝土碳化将导致混凝土的 pH 值降低,使钢筋的钝化膜遭到破坏,在传输渗透进入混凝土中的水和氧的作用下,钢筋将会发生腐蚀,钢筋腐蚀将产生铁锈膨胀压力,导致混凝土保护层开裂或脱落。

(2)氯盐侵蚀

混凝土中的氯盐主要有两部分:一部分是从混凝土结构内部得到氯盐,主要来源于拌和用水、化学外加剂、水泥及矿物质掺和料、海砂等带进的氯盐;另一部分是外部侵入的氯盐,主要来源于海洋环境中的海水作用、近海环境的大气盐雾作用、地下水中的氯盐(Cl^-)作用和冬季除冰盐的作用等。

氯离子半径小、穿透能力强,外部的 Cl^- 从混凝土表面通过扩散渗透进入混凝土内部,并进一步扩散到混凝土表面。当钢筋表面的混凝土孔隙中游离氯离子浓度达到或超过一定限值时,即使混凝土碱度较高,氯离子也能使钝化膜破坏,使钢筋产生锈蚀。氯离子穿透进入氧化物内层形成易溶的 $FeCl_2$,使氧化膜局部溶解,形成坑蚀。氯离子又吸附于局部钝化膜处,使在钢筋坑蚀处与其他钢筋表面钝化膜还未遭破坏区域形成电位差,构成腐蚀电池,使钢筋发生大面积腐蚀。坑蚀的不均匀性使钢筋产生应力集中,易导致结构或构件突然断裂。

(3)冻融循环作用

混凝土冻结融解劣化或除冰盐冻融劣化的机理主要包括宏观应力作用和微观应力作用两个方面。宏观应力作用主要是由混凝土的水泥石与集料的热膨胀系数差异、混凝土由表及里的层状冻结差异以及除冰盐冰雪融解所致的混凝土表面温度剧降等所导致的;微观应力作用主要是由水压作用、混凝土毛细管作用、除冰盐过程中的水盐扩散与渗透作用等所导致的。

混凝土的冻融破坏一般发生于寒冷地区经常与水接触的混凝土结构物。混凝土冻融循环产生的破坏作用主要有冻胀开裂和表面剥蚀两个方面。水在混凝土毛细孔中结冰造成的冻胀开裂使混凝土的弹性模量、抗压强度、抗拉强度等力学性能严重下降,危害结构物的安全性。

(4)硫酸盐侵蚀

硫酸盐侵蚀损伤机理:一是与混凝土中水化铝酸钙起反应生成硫铝酸钙即钙矾石。二是与混凝土中氢氧化钙结合生成硫酸钙(石膏),两种反应的生成物均会吸水膨胀,造成体积增大,使混凝土开裂。当含有镁离子时,同时还能和 $Ca(OH)_2$ 反应,生成疏松而无胶凝性的 $Mg(OH)_2$,这会降低混凝土的密实性和强度,并加剧混凝土的腐蚀。三是外部侵入的存于混凝土空隙中的硫酸盐,在干湿交替的情况下,超过饱和浓度时,会在混凝土中形成硫酸盐结晶,产生较大的内压力,导致混凝土开裂破坏。

(5)碱—集料反应

碱—集料反应是指混凝土中的碱与具有碱活性的集料间发生的膨胀性反应，主要包括碱—硅反应和碱—碳酸盐反应两类。这种生成物（碱性凝胶、碱硅凝胶等）遇水后发生明显的混凝土体积膨胀，导致混凝土开裂，改变混凝土的微结构，使混凝土的抗压强度、抗弯拉强度、弹性模量等力学性能明显下降，严重影响结构的安全使用性，而且反应一旦发生很难阻止，更不易修补和挽救。

1.3.2 构件损伤机理及成因分析

混凝土梁式桥的构件损伤主要表现为由于荷载或外力作用所致的混凝土开裂或截面损失。

混凝土开裂主要分为两类：一类是混凝土早期开裂，如塑性混凝土裂缝、材料不良引起的裂缝、温度引起的裂缝、收缩裂缝等；另一类是由于荷载作用或结构变形引起的结构受力裂缝，如受弯裂缝、剪切裂缝、弯剪组合受力裂缝等。

混凝土塑性裂缝主要是由于施工不当引起的，这种裂缝可划分为两类：一类是塑性混凝土收缩引起的裂缝，一般出现在大面积的板、墙表面，因混凝土表面水分散失过快导致表面干缩变形而形成；另一类是塑性混凝土沉降引起的裂缝，一般是由于集料下沉水分上升（泌水），混凝土受钢筋阻挡在钢筋顶面产生的裂缝。材料不良引起的裂缝，一般是由于水泥安定性不符合要求、集料中含有泥土杂质、外加剂使用不当、配合比失误等原因引起的。温度引起的裂缝，一般发生在大体积混凝土中，主要由于混凝土水化热过大而降温措施不力所致。收缩裂缝，主要是在混凝土结硬过程中，收缩变形受到约束而产生的。

混凝土受力裂缝产生的原因可大致归结为荷载作用导致混凝土应力超限，基础不均匀沉降导致结构异常变形、结构支撑条件（边界条件）变化，或预应力作用等产生过大结构次内力两大类。

1.3.3 结构损伤机理及成因分析

混凝土梁式桥的结构损伤主要表现为结构连接构造或重要边界条件发生开裂、失效等不可逆变化。突出表现在：横隔板、铰缝等横向连接构造以及连续现浇段、节段接缝等纵向连续构造的开裂、破损等。

横隔板、铰缝等横向连接构造的损伤主要表现为横隔板或铰缝混凝土开裂破损，桥跨结构横向整体性降低，整体承载能力下降，主要原因为横向连接构造不合理和重荷载作用影响。简支变连续结构现浇段混凝土的损伤主要表现为墩顶负弯矩裂缝，形成的主要原因为结构构造不合理。箱梁阶段接缝损伤主要表现为接缝混凝土接合不良、接缝开裂，造成桥跨结构整体性下降，结构刚度降低，结构变形过大，主要原因为施工过程中新旧混凝土接合面处理、钢筋安置以及混凝土养生不当。

2 混凝土梁式桥损伤评定指标体系

2.1 混凝土梁式桥损伤评定指标的选取

2.1.1 损伤评定指标选取原则

评定指标的选取是否合适,直接影响评定的结果。为了客观、全面、科学地衡量混凝土梁式桥的受损情况,在研究和确定混凝土梁式桥损伤的评定体系及其评定方法时,遵循以下原则:

①科学性原则,即评定指标的选择、指标权重系数的确定、数据的选取、计算与合成要建立在科学的基础上。

②全面性、典型性、独立性原则,即指标具有较强的综合性,既能简化指标体系,又能全面集中地反映桥梁的典型病害特征,同时,各指标间又相互独立,相关性小。

③可行性和可操作性原则,即指标所涉及的数据比较容易得到和计算。

2.1.2 混凝土梁式桥损伤评定指标

(1)材料损伤的评定指标

材料损伤主要是指环境作用引起的耐久性损伤,主要包括混凝土碳化和氯离子侵蚀引起的钢筋锈蚀、碱—集料反应破坏、硫酸盐化学侵蚀损伤、冻融循环损伤。基于耐久性极限状态的三种定义,材料层次的损伤主要表现为混凝土锈胀开裂、剥落和钢筋锈蚀,对结构或构件抗力、整体牢固性将产生不利影响。对此类损伤可采用混凝土裂缝宽度、剥落面积等指标进行评定。

(2)构件层次损伤的评定指标

构件层次的损伤主要指由外力作用所引起的结构开裂和截面缺损,其损伤程度反映了截面抗力和刚度的衰减情况。因此在确定构件层次损伤的指标时主要考虑受力裂缝和截面缺损。根据裂缝和截面损伤对结构承载性能的影响,其评定指标如下。

裂缝指标:位置、长度、宽度、深度。

缺损指标:位置、面积、深度。

(3)结构层次损伤的评定指标

体系层次的损伤主要反映了损伤所导致的结构内力重分布的影响,就梁式桥而言,表现为结构纵、横向联系,边界条件等方面的变化。根据梁式桥结构形式的特点,其主要体系损

伤类型及指标如下:

①横向连接损伤主要是指装配式空心板或T形梁桥铰缝开裂、横隔梁开裂及缺损造成结构横向内力分布的变化。其指标为:铰缝开裂比率、横隔板损坏比例、裂缝特征参数和缺损严重程度等。

②纵向连接构造损伤主要是指节段施工接缝、连续现浇接缝。其指标为:接缝混凝土密实性、开裂分布特征(裂缝宽度、长度、深度)、缺损状况。

③结构支撑构件损伤状况评定主要考虑支座脱空程度和表征支座功能的两类损伤。其指标为:支座脱空率和支座变形能力。

2.2 混凝土梁式桥损伤评定指标体系构建

桥梁损伤状况评定采用多指标评定体系。按结构体系分为简支梁、连续梁和连续刚构桥,其截面形式按板梁、T形梁和箱梁构建损伤评估指标体系;按混凝土损伤特征,则分为结构开裂、结构腐蚀、结构异常变形、结构边界条件变化、构件连接状况和使用功能恶化六种情况进行损伤评估;按混凝土结构损伤层次又分为三个层次,即材料层次、构件层次和结构层次损伤指标;按指标体系可分为三级,一级指标为桥梁的三大部件,即桥面系、上部结构(在指标体系划分时,我们将支座划分到上部结构)、下部结构,其中上部结构按照不同结构形式,分别划分构件组成;二级指标为一级指标部件下的构件;三级指标为构件的典型损伤。一级指标划分如图2-1所示。二、三级指标划分如图2-2~图2-8所示。

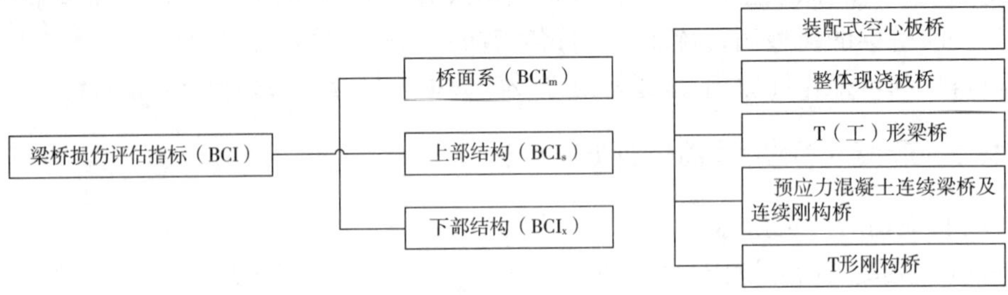

图2-1　混凝土梁式桥损伤状况的评估指标体系

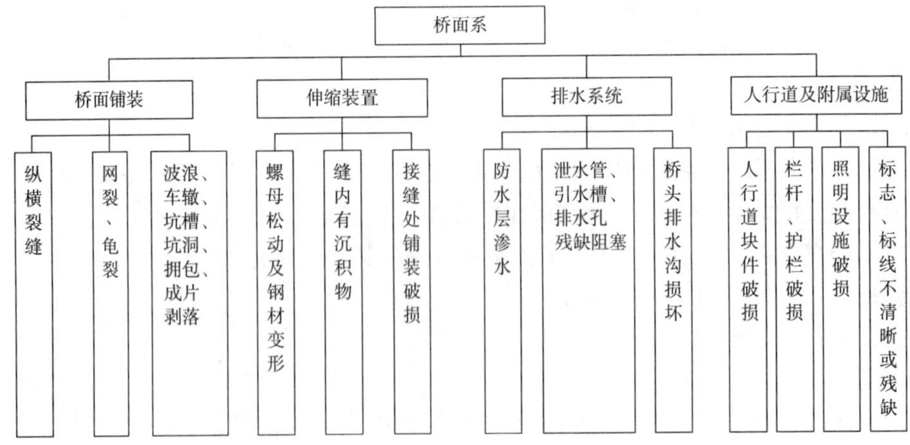

图2-2　桥面系损伤状况的评定指标

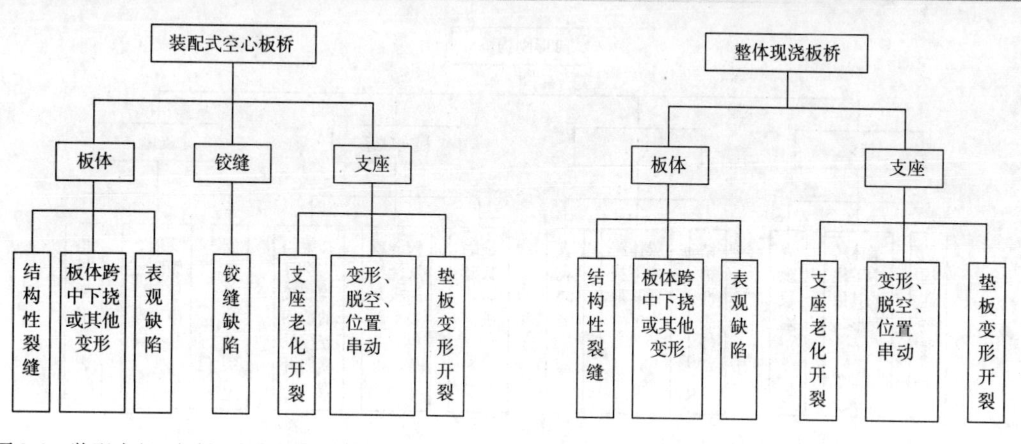

图 2-3 装配式空心板桥上部结构损伤状况的评定指标　　图 2-4 整体现浇板上部结构损伤状况的评定指标

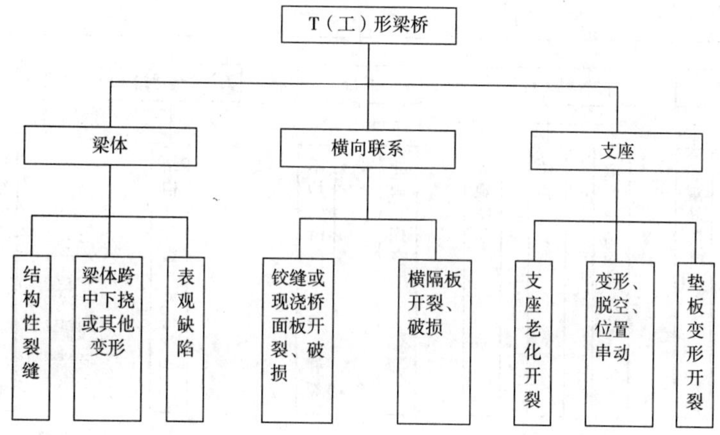

图 2-5 T(工)形梁桥上部结构损伤状况的评定指标

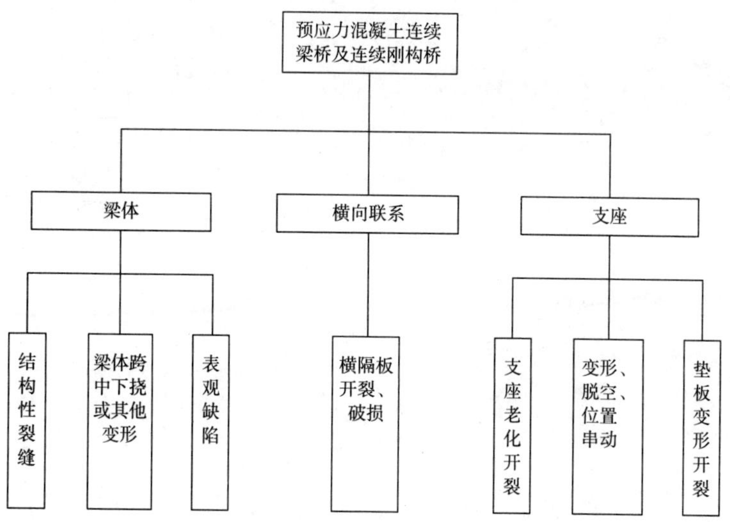

图 2-6 预应力混凝土连续梁桥及刚构上部结构损伤状况的评定指标

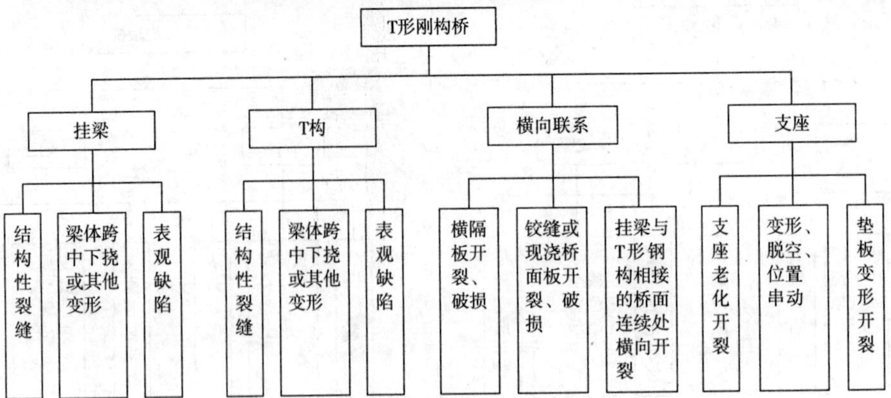

图 2-7　T 形刚构上部结构损伤状况的评定指标

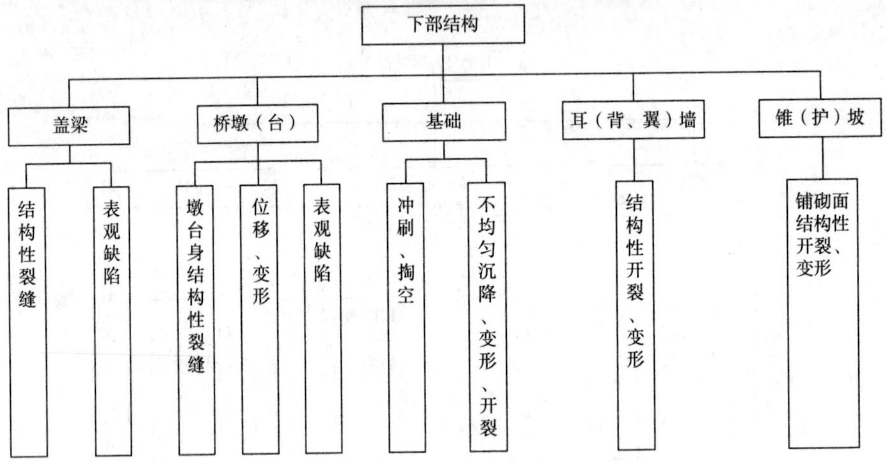

图 2-8　下部结构损伤状况的评定指标

3

混凝土梁式桥损伤评定方法

3.1 损伤评定工作流程

(1)桥梁概况与环境调查

桥梁概况调查包括原始资料调查和桥梁实地考察两部分。原始资料调查主要是针对桥梁的设计、施工情况(包括施工工艺和施工原始资料),以及检查、养护、维修、加固与管理情况进行;桥梁的实地考察主要是初步了解桥梁的技术使用状况和主要存在问题,并向相关人员调查了解桥梁损伤史、使用中的特别事件、限重限速原因、交通状况,以及今后改扩建计划、水文、气候及环境等方面的情况。

(2)桥梁结构损伤状况调查与检查

对构件的表观损伤和材料损伤进行检查、记录。

(3)桥梁损伤状况评定

桥梁损伤的检测评价总体上可分为以下四个目标层次:

①确定损伤是否发生;②确定损伤的位置(范围);③确定损伤的程度;④评价损伤对桥梁结构承载能力的影响,评定损伤发生后桥梁的承载能力。

围绕上述四个层次的检测目标,结合公路混凝土梁式桥的结构特点和承载受力特征,根据混凝土梁式桥的传力与破坏途径,将混凝土梁式桥划分成桥面系、上部结构、下部结构三大部件,分别进行损伤评估。采用分项打分法对目标混凝土梁式桥函层进行打分评定,分项打分法用于目标桥梁分项打分加权评定。评价以孔跨或一联为基本评价单位,综合考虑桥梁、结构形式、整体结构、孔跨等多层评价线路,通过调查孔跨出现损伤和每一损伤状态与程度,以局部损伤和总体损伤作为指标,按顺序评判其等级,对代表孔跨(或所有孔跨)分别作损伤等级评价,然后再考虑同一结构形式中评判孔跨的代表程度和全桥多种结构形式之间的影响,建立基于多层次模糊评价模型的评价方法,据此对各构件和全桥综合损伤作出评价。

采用分项打分法对目标混凝土梁式桥逐层进行打分评价,分项打分法用于目标桥梁分项打分加权评价。

3.2 损伤评定方法

3.2.1 分项打分加权评定法

分项打分加权评定是首先对被评定对象拟定评定指标,然后请参评人员对每一个指标进行定量打分。由于每一个指标的权重一般是不同的，所以，对参评人员给出的指标分值采用加权的方式处理，得到被评定对象总的得分。

混凝土梁式桥损伤评定时采用专家咨询法与层次分析法确定混凝土梁式桥损伤系统中各指标的权重，并通过两种方法的对比、分析，最终确定桥损伤评定指标系统中各指标的权重。

(1)专家咨询法确定指标权重

为确保结果的准确性，采用专家咨询法确定指标权重时应做到以下几点。

①参加意见征询的专家对所咨询问题的回答具有权威性。参加意见征询的人均为业内专家，他们对所咨询问题的回答就已具有某种意义上的权威价值，这些人对所咨询问题的一致回答就更具有权威价值。如果专家都认为某一指标重要，要给它较高的权重值，那就说明该项指标确实重要；反之亦然。

②参加意见征询的专家对所咨询问题的回答具有独立性。专家之间没有面对面的相互影响和相互对抗，从而有效地减少了专家中资历、口才、人数优势等方面因素对他们回答问题的影响。可以说，参加意见征询的人员不受他人意见的影响，对所咨询问题的回答均是自己独到的见解，具有较强的独立性。

③参加意见征询的人士能够逐步取得价值认识和判断的一致。在意见征询的一轮又一轮反复中，有关专家可以通过反馈回来的经过整理的各轮应答情况，了解并认真考虑他人的思想和意见，在此基础上，决定是否修正和如何修正自己原来的想法。一般来说，整个意见征询过程中，专家的意见一轮比一轮相对集中，呈逐步收敛的趋势。这就保证了根据大多数人的价值认识去统一所有人员的价值认识，保证了参加意见征询专家的价值认识能够逐步地取得一致。

④意见征询是一个有组织、有控制的过程。专家只能按照意见征询表中所列非常明确、具体的问题依照指定的回答方式简单明了地表示自己的意见。

专家咨询法是一种个人经验决策转向专家集体决策的权重确定方法。每个专家通过分析并对给出的问题做出定量的回答，调查者收集专家意见并统计处理。在处理数据时，一般采用算术平均值代表所有专家的集中意见。其计算公式为：

$$\omega_j = \left(\sum_{i=1}^{n}\omega_{ji}\right)/n, \qquad (j = 1,2,\cdots,m) \tag{3-1}$$

式中：n——专家数量；

m——评定指标个数；

ω_j——第 j 个指标的权重平均值；

ω_{ji}——第 i 个专家对 j 个指标权重的打分值。

这种方法依据参评人员的知识、经验和个人价值观对指标体系进行分析、判断并主观赋权。一般来说，这种方法确定的权重能正确反映各指标的重要程度，保证评定结果的准确性。

在确定桥梁损伤指标时，对 18 位专家进行评定指标权重调查，并对调查权重值进行算术平均值计算。

标准差是一组数据平均值分散程度的一种度量。一个较大的标准差，代表大部分数值和其平均值之间差异较大；一个较小的标准差，代表这些数值较接近平均值。18 份调查结

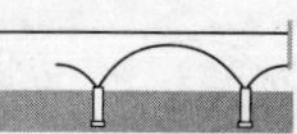

果的标准差计算结果为：桥面系各项指标的标准差在0.03~0.08之间；混凝土梁式桥上部结构各项指标的标准差在0.02~0.10之间；下部结构各项指标的标准差在0.02~0.11之间。由此可见，各指标数据的标准差均较小，数值较接近平均值。

变异系数又称“标准差率”，是衡量资料中各观测值变异程度的另一个统计量。反映单位均值上的离散程度，常用在总体均值不等的离散程度的比较上。用C.V(Coefficient of Variance)表示。

$$C.V = \sigma/\mu \times 100\% \tag{3-2}$$

式中：C.V——变异系数；

σ——标准差；

μ——平均值。

对回收的权重调查表所得的各分项指标的权重值计算变异系数。桥面系各项指标的变异系数在10%~15%之间；混凝土梁式桥上部结构各项指标的变异系数在11%~20%之间；下部结构各项指标的变异系数在9%~12%之间。由此可见，各指标数据的变异系数较小，说明单位均值上的离散程度小。

(2)层次分析法确定指标权重

层次分析法是目前确定权重应用较多的一种方法。相比专家咨询法，更具科学性，对各指标之间重要程度的分析更具有逻辑性，再加上数学处理，可信度较大。

用层次分析法确定权重，其关键在于“标度”问题。最初所采用的是层次分析法的创始人T L Saty所提出的1~9标度法。但在实际应用中，发现1~9标度法并不合理。例如，在T L Saty的1~9标度法中，“稍微大”的标度值为3，即把比“相同”大到3倍的情况认为是“稍微大”，这与人们通常的认识相差太大：又如，取“明显大”的标度值为1，而“明显大”对“稍微大”之比为5∶3≈1.67<3，即把一个“明显大”的事物与一个“稍微大”的事物相比，还远不能说是稍微大，这显然又是不合理的。为此，一些学者不断对1~9标度法进行改进，提出了9/9~9/1标度法、10/10~18/2标度法、指数标度法等，其具体标度如表3-1所示。

层次分析法的4种标度法　　表3-1

区分	1~9标度法	9/9~9/1标度法	10/10~18/2标度法	指数标度法
相同	1	9/9 (1.000)	10/10 (1.000)	$e^{(0/5)}$ (1.000)
稍微大	3	9/7 (1.286)	12/8 (1.100)	$e^{(2/5)}$ (1.492)
明显大	5	9/1 (1.800)	14/6 (2. 333)	$e^{(4/5)}$ (2.226)
强烈大	7	9/3 (3.000)	16/4 (4.000)	$e^{(6/5)}$ (3.320)
极端大	9	9/1 (9.000)	18/2 (9.000)	$e^{(8/5)}$ (4.953)
通式	K	$9/(10-K)$	$(9+K)/(11-K)$	$e^{(K/5)}$
	$K=1\sim9$	$K=1\sim9$	$K=1\sim9$	$K=0\sim8$

无论是1~9标度法，还是9/9~9/1标度法、10/10~18/2标度法及指数标度法，其共同特点都是在进行两两比较时，先划分若干比较级别，如表3-1中的“相同”、“稍微大”、“明显

大”、“强烈大”、“极端大”等,然后再根据比较对象的具体情况进行套用。这样做可使权重的确定规范化。

混凝土梁式桥损伤综合评定时,需要确定多指标体系中各个指标的相对重要性。在这些评定指标的两两比较中,一般不存在“强烈大”和“极端大”的情况,出现“明显大”的情况也不多,而比较多的情况是在“稍微大”附近变化。这是因为如果评定指标 A 比评定指标 B 的重要性“强烈大”或“极端大”,那么 B 的设置的意义就极小,完全可以取消。

层次分析法确定权重的步骤如下。

①建立层次结构模型:

层次分析法的基本方法是建立层次结构模型。建立层次模型首先要对所解决的问题有明确的认识,弄清它所涉及指标之间的关系。其次,将分析的问题层次化。

②构造判断矩阵:

构造层次模型后,可以在各层指标之间进行两两比较,判断其相对重要性,构造出判断矩阵。

设 W_i 表示反映第 i 个指标相对于上层某一目标的重要性的权重,以每两个指标的相对重要性为元素,构造的判断矩阵为:

$$\boldsymbol{A}=\begin{pmatrix}\frac{W_1}{W_1} & \frac{W_1}{W_2} & \cdots & \frac{W_1}{W_n}\\ \frac{W_2}{W_1} & \frac{W_2}{W_2} & \cdots & \frac{W_2}{W_n}\\ \cdots & \cdots & & \cdots\\ \frac{W_n}{W_1} & \frac{W_n}{W_2} & \cdots & \frac{W_n}{W_n}\end{pmatrix}$$

设 $a_{ij}=\dfrac{W_i}{W_j}$,则判断矩阵的元素 a_{ij} 具有如下性质:

$$a_{ij}=1(i=j;i,j=1,2,\cdots,n)$$

$$a_{ij}=\frac{1}{a_{ji}}(i\neq j;i,j=1,2,\cdots,n)$$

判断矩阵 $\boldsymbol{A}$ 的元素 a_{ij} 可以利用指标特性,结合知识和经验估计出来。

③层次单排序及一致性检验:

层次单排序是通过求解判断矩阵的特征根和特征向量,对本层次的所有因素相对于上一层而言的重要性进行排序。对于判断矩阵 $\boldsymbol{A}$,计算满足下式的特征根和特征向量。

$$AW=\lambda_{max}W \tag{3-3}$$

式中:λ_{max}——判断矩阵 A 的最大特征根;

W——对应于 λ_{max} 的正规化特征向量,W 的分量 W_i 即是相应指标的权重。

计算判断矩阵的最大特征根 λ_{max} 的正规化特征向量 W,确定 W_i 可以有很多方法,常用的计算方法有幂法、方根法及和积法。混凝土梁式桥损伤评定时采用和积法,具体计算步骤如下。

第一步:将判断矩阵按列归一化计算。

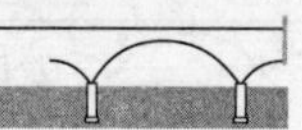

$$\bar{a}_{ij} = \frac{a_{ij}}{\sum_{k=1}^{n} a_{kj}}(i,j = 1,2,\cdots,n) \tag{3-4}$$

第二步:将按归一化后的元素按行相加计算。

$$\overline{W}_i = \sum_{j=1}^{n} \bar{a}_{ij}(i = 1,2,\cdots,n) \tag{3-5}$$

第三步:将向量 $\overline{W} = [\overline{W}_1, \overline{W}_2, \cdots, \overline{W}_n]^T$ 正规化(或归一化)。

$$\overline{W}_i = \frac{W_i}{\sum_{l=1}^{n} W_i}(i = 1,2,\cdots,n) \tag{3-6}$$

第四步:计算判断矩阵的最大特征根 $\lambda_{\max}$。

$$\lambda_{\max} = \sum_{i=1}^{n} \frac{(AW)_i}{nW_i}(i = 1,2,\cdots,n) \tag{3-7}$$

式中:$(AW)_i$——向量 AW 的第 i 分量。

第五步:判断矩阵一致性检验。

由于客观事物的复杂性以及评定人员认识的多样性,人们在对大量因素进行两两对比时,可能会产生一些不一致的结论。例如,当因素 i、j、k 的重要性很接近时,进行两两比较,有可能得出 i 比 j 重要,j 比 k 重要,而 k 又比 i 重要的矛盾结论,要达到完全判断一致性是非常困难的。

为了检查在构造判断矩阵时的判断思维是否具有一致性,要进行矩阵一致性检验,计算检验系数 CR。

检验系数的计算公式:

$$CR = CI/RI \tag{3-8}$$

$$CI = (\lambda_{\max} - n)/(n - 1) \tag{3-9}$$

式中:CR——相对一致性检验系数,CR 越小,判断矩阵的一致性越好;当 <3 时,判断矩阵永远具有完全一致性;当 $CR < 0.1$ 时,一般认为判断矩阵具有可接受的一致性,否则需要重新调整判断矩阵;

CI——一致性指标;

$\lambda_{\max}$——判断矩阵 A 的最大特征根;

n——本研究指一级指标的个数,或一级指标下二级指标的个数;

RI——平均随机一致性指标,可通过表 3-2 查得。

RI 系数表　　表 3-2

维数	1	2	3	4	1	6	7	8	9	10
RI	0.00	0.00	0.18	0.90	1.12	1.24	1.32	1.41	1.41	1.49

层次分析法的判断矩阵由熟悉混凝土梁式桥病害的参评人员独立给出。把参评人员的知识和丰富的经验通过对众多相关因素的两两比较,转化成确定权重的有用信息。

层析分析法也是对 18 位专家进行调查并对结果进行权重计算,取有效的指标权重进行算术平均值计算,得到层次分析法确定的各指标的权重。

(3)两种权重值的比较

根据两种调查方法得到的计算结果,绘制出专家咨询法和层次分析法确定的指标权重值柱状图。这里列出桥面铺装权重值比较情况,如图 3-1 ~ 图 3-3 所示。

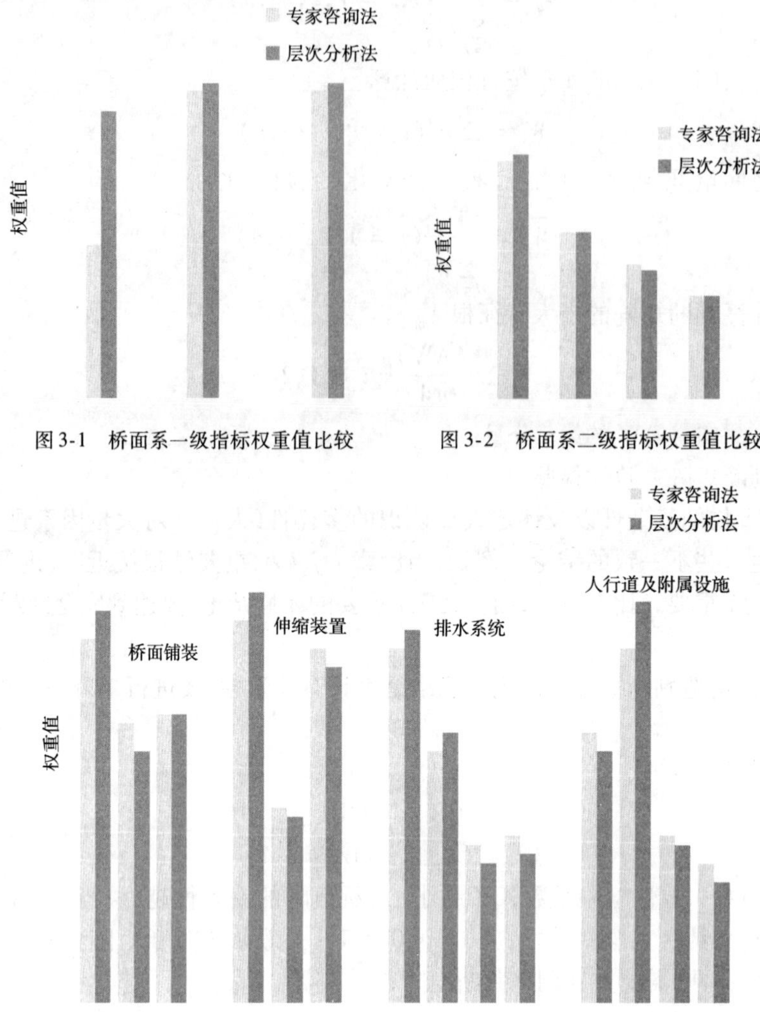

图 3-1　桥面系一级指标权重值比较　　图 3-2　桥面系二级指标权重值比较

图 3-3　桥面系三级指标权重值比较

专家咨询法与层次分析法确定混凝土梁式桥损伤评估指标体系中的权重有一定的出入,但是不大。因为层次分析法的原始数据是根据两两因素比较而给出的,涉及的因素较少,易于专家作出选择,所以层次分析法确定的权重主观随意性小一些。经研究最终采用专家咨询法的结果作为混凝土梁式桥损伤评估指标体系中一级指标的权重,采用层次分析法的结果作为混凝土梁式桥损伤评估指标体系中二级、三级指标的权重。

3.2.2　混凝土梁式桥损伤状况评定方法

梁式桥的损伤程度,用桥梁的损伤状况指数 BCI(Bridge Condition Index)表征桥梁结构的完好程度和相应的分项指标表示,BCI 和相应的分项指标的值域为 0 ~ 100。按分项打分加权评定法,对桥面系、上部结构、下部结构分别进行评定,再综合得出整个桥梁损伤状况等级。

梁式桥的损伤状况分为一类、二类、三类、四类、五类五个等级。依次对应的桥梁损伤状

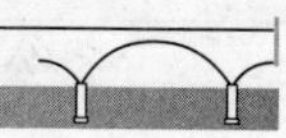

况分别为:良好状态、较好状态、较差状态、差的状态和危险状态。梁式桥的损伤状况评估标准见表3-3。梁式桥的损伤状况描述与处置对策见表3-4。

梁式桥的损伤状况评定标准 表3-3

BCI	BCI≥90	80<BCI≤90	70<BCI≤80	60<BCI≤70	BCI<60
梁式桥损伤状况	良好	较好	较差	差的	危险
分类	一类	二类	三类	四类	五类

梁式桥的损伤状况描述与处置对策 表3-4

损伤状况评定分类	损伤状况描述	处置对策
一类	良好状态	正常保养
二类	较好状态:有轻微损伤,损伤没有发展的迹象,对桥梁使用功能未造成影响	小修、保养
三类	较差状态:有较明显的损伤,损伤有迅速发展的迹象,尚能维持正常的使用功能	中修
四类	差的状态:有较大的损伤,严重影响桥梁的正常使用,或预期不能通行应及时进行交通管制,如限载、限速通过,当损伤较严重时应关闭交通	大修或改造
五类	危险状态:存在严重的损伤,主要构件不能正常使用,需进行改建或重建,及时关闭交通	改建或重建

3.3 损伤状况评分

3.3.1 桥面系损伤状况评分

桥面系包括桥面铺装、伸缩装置、排水系统、人行道及附属设施。桥面系的损伤状况采用桥面系损伤指数 BCI_m 表示,根据桥面铺装,伸缩装置、排水系统、人行道及附属设施的损伤程度扣除分值,BCI_m 按式(3-10)和式(3-11)计算。

$$BCI_m = \sum_{i=1}^{4}(100 - MDP_i) \cdot w_i \tag{3-10}$$

$$MDP_i = \sum_j DP_{ij} \cdot w_{ij} \tag{3-11}$$

式中:i——桥面系的评定部件,i 包括桥面铺装、伸缩装置、排水系统、人行道及附属设施;

DP_{ij}——桥面系第 i 类部件的第 j 类构件损伤扣分值,扣分值见表3-5;

w_{ij}——桥面系第 i 类部件的第 j 类构件损伤的权重,权重值见表3-6;

MDP_i——桥面系的第 i 个部件总扣分值;

w_i——桥面系第 i 类部件的权重,权重值见表3-6;

BCI_m——梁式桥桥面系的损伤状况指数。

桥面系构件损伤(三级指标)扣分表 表3-5

等级	1	2	3	4	5
扣分值	$DP_{ij} \leq 10$	$10 < DP_{ij} \leq 20$	$20 < DP_{ij} \leq 34$	$34 < DP_{ij} \leq 50$	$DP_{ij} > 50$

按照损伤状况评定标准评定桥面系各构件的损伤状况,每一等级评定要满足评定标准中的任何一条,若只满足一部分,则可降一个等级进行评定。构件的损伤评定采用扣分制,

对于没有设置且调查表明无需设置的结构部件不扣分，同时将其权重加权分配给其他同级构件。对于原结构无设置，而调查表明需要补设的结构部件扣 100 分。各个等级对应相应的扣分值，如表 3-5 所示，构件的损伤越严重扣分越多。

桥面系所包含的各指标的权重 表 3-6

一级指标	二级指标	权重值	三级指标	权重值
桥面系	桥面铺装	0.38	纵横裂缝	0.42
			网裂、龟裂	0.27
			波浪、车辙、坑槽、坑洞、拥包、成片剥落	0.31
	伸缩装置	0.26	螺母松动及钢材变形	0.44
			缝内有沉积物	0.20
			接缝处铺装破损	0.36
	排水系统	0.20	防水层渗水	0.40
			泄水管阻塞	0.29
			泄水管、引水槽、排水孔残缺	0.15
			桥头排水沟损坏	0.16
桥面系	人行道及附属设施	0.16	人行道块件破损	0.27
			栏杆、护栏破损	0.43
			照明设施破损	0.17
			标志、标线不清晰或残缺	0.13

3.3.2 上部结构损伤状况评分

混凝土梁式桥上部结构按截面形式、结构和受力特点分为装配式空心板桥、整体现浇板桥、T 形梁桥、小箱梁桥、预应力混凝土连续箱形梁桥、预应力混凝土连续刚构桥及 T 形刚构桥。

上部结构的损伤状况采用上部结构损伤指数 BCI_s 表示，根据梁（板）体、横向联系、支座的损伤程度扣除分值，BCI_s 按式（3-12）和式（3-13）计算：

$$BCI_s = \sum_{l=1}^{n_s}(100 - SDP_{sl}) \cdot w_{sl} \tag{3-12}$$

$$SDP_{sl} = \sum_{x} DP_{slx} \cdot w_{slx} \tag{3-13}$$

式中：x——上部结构的评定部件，对于装配式空心板桥，x 包括板体、铰缝和支座；对于整体现浇板桥，x 包括板体和支座；对于 T（工）形梁桥，x 包括梁体、横向联系和支座；对于预应力混凝土连续梁桥和连续刚构桥，x 包括梁体和支座；对于 T 形刚构桥，x 包括挂梁、T 构、横向联系和支座；

DP_{slx}——上部结构第 x 类部件的第 l 类构件损伤扣分值，扣分值见表 3-7；

w_{slx}——上部结构第 x 类部件的第 l 类构件损伤的权重，权重值见表 3-8 ~ 表 3-12；

SDP_{sl}——上部结构的第 x 个部件总扣分值；

w_{sl}——上部结构第 x 部件的权重，权重值见表 3-8 ~ 表 3-12；

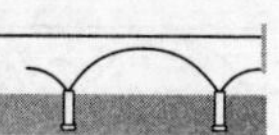

n_s——上部结构的部件数；

BCI_s——梁式桥上部结构的损伤状况指数。

上部结构构件损伤（三级指标）的评分等级、扣分表　　表 3-7

等　级	1	2	3	4	5
扣分值	$DP_{slx} \leqslant 10$	$10 < DP_{slx} \leqslant 20$	$20 < DP_{slx} \leqslant 34$	$34 < DP_{slx} \leqslant 50$	$DP_{slx} > 50$

装配式空心板桥上部结构指标权重　　表 3-8

一级指标	二级指标	权重值	三级指标	权重值
上部结构	板体	0.62	结构性裂缝	0.52
			板体跨中下挠或其他变形	0.29
			板体表观缺陷	0.19
	铰缝	0.26	铰缝缺陷	0.10
	支座	0.12	橡胶支座老化、开裂、不均匀鼓凸与脱胶；钢支座锈蚀、开裂	0.36
			变形、脱空、位置串动	0.33
			支座垫板变形、压裂	0.31

整体现浇板桥上部结构指标权重　　表 3-9

一级指标	二级指标	权重值	三级指标	权重值
上部结构	板体	0.88	结构性裂缝	0.50
			板体跨中下挠或其他变形	0.30
			板体表观缺陷	0.20
	支座	0.12	橡胶支座老化、开裂、不均匀鼓凸与脱胶；钢支座锈蚀、开裂	0.36
			变形、脱空、位置串动	0.33
			支座垫板变形、压裂	0.31

T（工）形梁桥上部结构指标权重　　表 3-10

一级指标	二级指标	权重值	三级指标	权重值
上部结构	梁板	0.62	结构性裂缝	0.50
			梁体跨中下挠及其他变形	0.30
			梁体表观缺陷	0.20
	横向联系	0.26	铰缝或现浇桥面板开裂、破损	0.40
			横隔板开裂、破损	0.60
	支座	0.12	橡胶支座老化、开裂、不均匀鼓凸与脱胶；钢支座锈蚀、开裂	0.36
			变形、脱空、位置串动	0.33
			支座垫板变形、压裂	0.31

预应力混凝土连续箱梁桥及预应力混凝土连续刚构桥上部结构指标权重 表 3-11

一级指标	二级指标	权重值	三级指标	权重值
上部结构	梁体	0.88	结构性裂缝	0.39
			梁体跨中下挠及其他变形	0.41
			梁体表观缺陷	0.20
	支座	0.12	橡胶支座老化、开裂、不均匀鼓凸与脱胶;钢支座锈蚀、开裂	0.36
			变形、脱空、位置串动	0.33
			支座垫板变形、压裂	0.31

T 形刚构桥上部结构指标权重 表 3-12

一级指标	二级指标	权重值	三级指标	权重值
上部结构	挂梁	0.21	结构性裂缝	0.52
			梁体跨中下挠及其他变形	0.29
			梁体表观缺陷	0.19
	T 构	0.29	结构性裂缝	0.39
			梁体跨中下挠及其他变形	0.41
			梁体表观缺陷	0.20
	横向联系	0.37	横隔板开裂、破损	0.10
			铰缝或现浇桥面板开裂、破损	0.22
			T 构与挂梁连接处开裂	0.68
	支座	0.13	橡胶支座老化、开裂、不均匀鼓凸与脱胶;钢支座锈蚀、开裂	0.36
			变形、脱空、位置串动	0.33
			支座垫板变形、压裂	0.31

按照损伤状况评定标准评定上部结构各构件的损伤状况,每一等级评定要满足评定标准中的任何一条,若只满足一部分,则可降一个等级进行评定。构件的损伤评定采用扣分制,对于没有设置且调查表明无需设置的结构部件不扣分,同时将其权重加权分配给其他同级构件。对于原结构无设置,而调查表明需要补设的结构部件扣 100 分。各个等级对应相应的扣分值,如表 3-7 所示,构件的损伤越严重扣分越多。

3.3.3 下部结构损伤状况评分

下部结构的损伤状况采用下部结构损伤指数 BCI_x 表示,根据盖梁、墩台、基础、翼(耳)墙、锥(护)坡的损坏扣除分值,BCI_x 按式(3-14)和式(3-15)计算:

$$BCI_x = \sum_{l=1}^{n_x}(100 - IDP_{xl}) \cdot w_{xl} \tag{3-14}$$

$$IDP_{xl} = \sum_{y} DP_{xly} \cdot w_{xly} \tag{3-15}$$

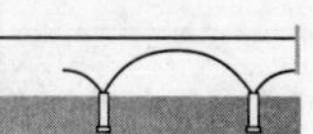

式中：y——下部结构的评定部件，包括盖梁、墩台、基础、翼（耳）墙、锥（护）坡；

DP_{xly}——下部结构第 y 类部件的第 l 类构件损伤扣分值，扣分值见表 3-13；

w_{xly}——下部结构第 y 类部件的第 l 类构件损伤的权重，权重值见表 3-14；

IDP_{xl}——下部结构的第 y 个部件总扣分值；

w_{xl}——下部结构第 y 类部件的权重，权重值见表 3-14。

n_x——下部结构的部件数；

BCI_x——梁式桥下部结构的损伤状况指数。

下部结构构件损伤（三级指标）扣分表 表 3-13

等　级	1	2	3	4	5
扣分值	$DP_{xly} \leqslant 10$	$10 < DP_{xly} \leqslant 20$	$20 < DP_{xly} \leqslant 34$	$34 < DP_{xly} \leqslant 50$	$DP_{xly} > 50$

下部结构所包含的各指标的权重 表 3-14

一级指标	二级指标	权重值	三级指标	权重值
下部结构	盖梁	0.21	结构性裂缝	0.75
			表观缺陷	0.25
	桥墩（台）	0.24	墩（台）身结构性裂缝	0.36
			位移、变形	0.46
			表观缺陷	0.18
	基础	0.29	冲刷	0.41
			不均匀沉降、变形、开裂	0.59
	耳背、翼墙	0.15	结构性开裂、变形	1.00
	锥（护）坡	0.11	铺砌面结构性开裂、下沉	1.00

按照损伤状况评定标准评定下部结构各构件的损伤状况，每一等级评定要满足评定标准中的任何一条，若只满足一部分，则可降一个等级进行评定。构件的损伤评定采用扣分制，对于没有设置且调查表明无需设置的结构部件不扣分，同时将其权重加权分配给其他同级构件。对于原结构无设置，而调查表明需要补设的结构部件扣 100 分。各个等级对应相应的扣分值，如表 3-13 所示，构件的损伤越严重扣分越多。

3.3.4 桥梁损伤状况评分

整座桥梁的损伤状况 BCI 根据桥面系、上部结构、下部结构的损伤状况评分，由式（3-16）得出：

$$BCI = BCI_m \cdot w_m + BCI_s \cdot w_s + BCI_x \cdot w_x \tag{3-16}$$

式中：w_m、w_s、w_x——桥面系、上部结构、下部结构的权重，权重值见表 3-15。

桥梁结构组成部分的权重 表 3-15

桥梁部位	桥　面　系
桥面系	0.20
上部结构	0.40
下部结构	0.40

所评梁式桥有下列情况之一时,即可直接评定为危险桥或差桥:

①结构构件重点部位出现全截面开裂或组合结构接合面开裂贯通,造成截面组合作用显著降低。

②结构构件表面出现较多非正常受力裂缝,且裂缝的长度或高度、间距大于设计计算值,缝宽超出限值范围或重点部位出现接近全断面开裂。

③构件有严重的横向位移,存在失稳现象,结构振动或摇晃显著,有不正常移动。

④结构出现明显的永久变形,变形大于规范值,显著影响承载力或变形仍处于发展变化中。

⑤跨中挠度大于限值,显著影响承载力,或造成梁板出现严重损伤,影响行车安全。

⑥大量钢筋锈蚀引起混凝土剥落,部分钢筋屈服或锈断,混凝土表面严重开裂,影响结构安全。

⑦预应力钢绞线大量断裂,预应力损耗严重,或锚头损坏失效,齿板位置处裂缝严重,裂缝贯通且超限。

⑧关键部位混凝土出现压碎或压杆失稳、变形现象。

⑨桥面板有落梁或断裂趋势。

⑩通过检算得到承载能力较设计值下降25%及以上。

⑪墩、台、基础出现结构性裂缝,裂缝有开合现象,有倾斜、位移、不均匀沉降现象。

⑫基底冲刷面达20%以上。

对于跨径、结构形式相同的多跨桥梁,以整座桥作为一个评定单元进行桥梁结构损伤状况的等级评定与分类;亦可逐跨进行桥梁损伤状况的等级评定,然后以损伤状况最严重、损伤状况等级评定结果最差的一跨作为全桥的评定结果。

对于跨径、结构形式不同的多跨桥梁,根据跨径和结构形式的分布情况,采用划分评定单元的方式,先逐单元进行桥梁损伤状况的等级评定,然后以损伤状况最严重、损伤状况等级评定结果最差的一个评定单元作为全桥的评定结果。

上部结构或下部结构单独评定结果与全桥综合评定结果相差较大时,可根据实际情况,以部件损伤最低等级作为全桥评定结果。

4 混凝土梁式桥损伤指标评定标准

4.1 混凝土梁式桥结构损伤检查内容

梁式桥损伤状况的检查应包括桥面系损伤检查、上部结构损伤检查和下部结构损伤检查三部分。

4.1.1 桥面系损伤检查

桥面系损伤检查包括桥面铺装检查、伸缩装置检查和防水层检查。各部分具体检查内容如下。

①沥青混凝土桥面铺装层有无纵向裂缝、横向裂缝、网裂(龟裂)、坑槽、面层松散、露骨、车辙、波浪拥包、泛油、桥面沉陷。水泥混凝土桥面铺装层有无纵向裂缝、横向裂缝或斜裂缝,接缝两侧是否存在高差、坑洞、剥落、磨光、脱皮、露骨。

②伸缩装置是否存在螺母松动及钢材变形,结构缝宽是否异常,是否有非正常声响、明显的桥头跳车,接缝是否存在高差,缝内是否有沉积物,接缝处铺装有无破损。

③防水层是否渗水,泄水管是否堵塞,泄水管、引水槽、排水孔是否存在残缺,桥头排水沟有无损坏。

4.1.2 上部结构损伤检查

上部结构检查包括梁体检查、横向联系检查和支座检查。各部分具体检查内容如下。

①梁(板)是否有下挠或变形现象,是否存在结构性开裂、非结构性开裂,铰缝是否存在剥落、渗水、脱落,梁(板)是否存在混凝土剥落、露筋、蜂窝、麻面、风化、渗水、盐析等表观缺陷。

②横隔梁(挂梁)是否存在开裂,连接钢板是否存在脱焊、断裂。翼缘板间的湿接缝或铰接缝是否存在剥落、渗水、脱落,翼缘桥面板现浇段是否存在开裂、穿孔现象,横向联系是否存在混凝土剥落、露筋、蜂窝、麻面、风化、渗水、盐析等表观缺陷。

③板式橡胶支座是否存在老化、开裂、不均匀鼓凸与脱胶,剪切值是否大于限值,支座位置有无串动、脱空现象,支座底板有无变形、混凝土有无压裂。

④钢支座是否存在组件功能缺陷,位移、转角超限,部件磨损、裂缝。

4.1.3 下部结构损伤检查

下部结构检查包括盖梁检查、墩台检查、基础检查以及翼墙、锥坡检查。具体检查内容如下。

①盖梁是否存在结构裂缝，盖梁混凝土是否有剥落、露筋，裂缝处是否出现渗水、盐析。

②墩身是否存在结构性裂缝、位移、变形，是否有混凝土剥落、露筋、蜂窝、麻面、风化、渗水、腐蚀、耐久性损伤等表观缺陷。

③基础是否存在冲刷或掏空现象，是否存在不均匀沉降、变形，开裂。

④翼(耳)墙是否存在开裂、变形。

⑤锥(护)坡是否存在下沉现象，铺砌面是否存在开裂。

4.2 桥面系损伤指标评定标准

4.2.1 桥面铺装及桥头连接

沥青混凝土桥面铺装层典型的损伤包括桥面的纵向裂缝、横向裂缝、网裂(龟裂)、坑槽、面层松散、露骨，车辙、波浪拥包、泛油、桥面沉陷。

水泥混凝土桥面铺装层典型损伤包括桥面的纵向裂缝、横向裂缝或斜裂缝，接缝两侧高差、坑洞、剥落、磨光、脱皮、露骨。

沥青混凝土桥面铺装评定标准见表4-1，相应的图形标杆见图4-1~图4-18。水泥混凝土桥面铺装评定标准见表4-2，相应的图形标杆见图4-19~图4-31。台背路面下沉导致的桥头跳车评定标准见表4-3，相应的图形标杆见图4-32~图4-34。

沥青混凝土桥面铺装评定标准 表4-1

<table>
<tr><th>等级</th><th>定性描述</th><th>定量描述</th><th>图形标杆</th></tr>
<tr><td>1</td><td>完好</td><td>—</td><td>—</td></tr>
<tr><td rowspan="6">2</td><td rowspan="6">桥面出现轻微的纵、横向裂缝，轻微网裂(龟裂)，局部出现坑槽，面层局部松散、露骨，车辙深度不明显，局部出现波浪拥包，局部出现泛油，桥面轻微沉陷</td><td>$L_1 \leq 1/2S$;
$0.5\text{mm} < W_1 \leq 1.5\text{mm}$;
$L_2 \leq 1/2M$;
$0.5\text{mm} < W_2 \leq 1.5\text{mm}$</td><td rowspan="6">图4-1
图4-2
图4-3
图4-4
图4-5
图4-6</td></tr>
<tr><td>$T \leq 1\text{m}^2$</td></tr>
<tr><td>$Z \leq 3\%$; $s \leq 0.3\text{m}^2$</td></tr>
<tr><td>$U(V) \leq 10\%$</td></tr>
<tr><td>$W(X) \leq 10\%$; $h \leq 15\text{m}$</td></tr>
<tr><td>$Y \leq 10\%$</td></tr>
<tr><td rowspan="2">3</td><td rowspan="2">桥面出现显著的纵、横向裂缝，多处网裂(龟裂)，坑槽造成桥面膨胀或凹陷，多处松散、露骨，车辙深度较浅，多处出现波浪拥包，多处出现泛油，桥面沉陷深度较浅</td><td>$1/2S < L_1 \leq 2/3S$;
$1.5\text{mm} < W_1 \leq 3\text{mm}$;
$1/2M < L_2 \leq 2/3M$;
$1.5\text{mm} < W_2 \leq 3\text{mm}$</td><td rowspan="2">图4-7
图4-8
图4-9
图4-10</td></tr>
<tr><td>$1\text{m}^2 < T \leq 2\text{m}^2$</td></tr>
</table>

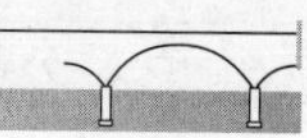

续上表

等级	定性描述	定量描述	图形标杆
3		$3\% < Z \leqslant 10\%$；$0.3\text{m}^2 < s \leqslant 0.8\text{m}^2$	
		$10\% < U(V) \leqslant 20\%$	
		$10\% < W(X) \leqslant 20\%$；$15\text{mm} < h \leqslant 25\text{mm}$	
		$10\% < Y \leqslant 20\%$；$k \leqslant 25\text{mm}$	
4	桥面出现严重的纵、横向裂缝，大范围网裂（龟裂），大部分桥面有坑槽，桥面大部分松散、露骨，车辙深度较深，大面积出现波浪拥包，大面积出现泛油、磨光，沉陷深度较大	$L_1 > 2/3S$；$W_1 > 3\text{mm}$；$L_2 > 2/3M$；$W_2 > 3\text{mm}$	图4-11 图4-12 图4-13 图4-14 图4-15 图4-16 图4-17 图4-18
		$T > 2\text{m}^2$	
		$Z > 10\%$；$s > 0.8\text{m}^2$	
		$U(V) > 20\%$	
		$W(X) > 20\%$；$h > 25\text{mm}$	
		$Y > 20\%$；$k > 25\text{mm}$	
5	—	—	—

表中，L_1-纵向裂缝最大长度；S-桥面跨径；W_1-纵向裂缝最大宽度，mm；L_2-横向裂缝最大长度；M-行车道宽；W_2-横向裂缝最大宽度，mm；T-网裂（龟裂）累计面积，m^2；Z =（坑槽累计面积/铺装层面积）×100%；s-坑槽单处最大面积，m^2；U =（松散、露骨累计面积/铺装层面积）×100%；V =（泛油累计面积/铺装层面积）×100%；W =（车辙累计面积/铺装层面积）×100%；X =（沉陷累计面积/铺装层面积）×100%；h-车辙、沉陷深度，mm；Y =（拥包累计面积/铺装层面积）×100%；k-拥包波峰、波谷高差，mm

图4-1　桥面纵向裂缝

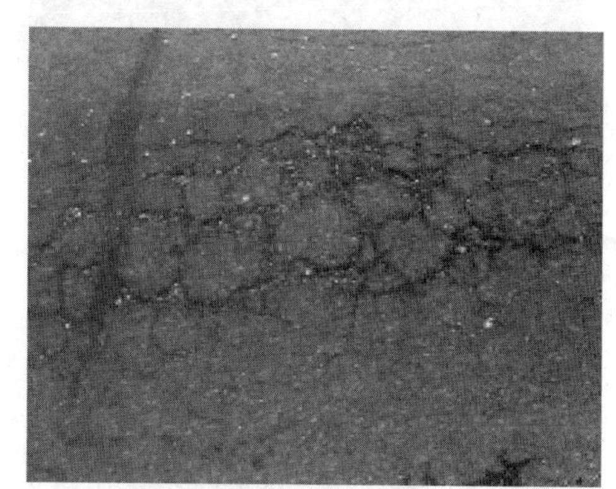

图4-2　局部轻微网裂

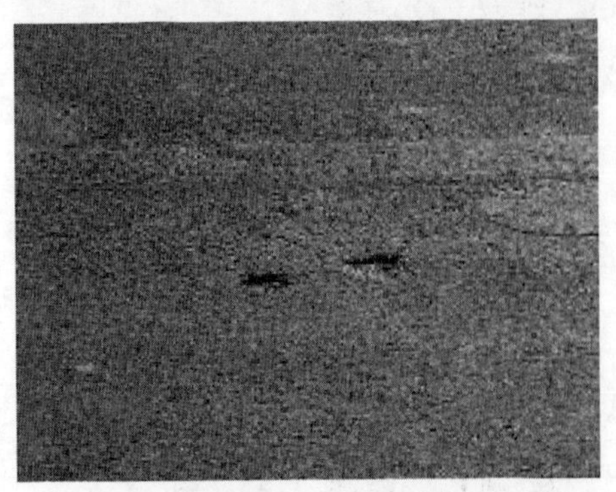

图 4-3　桥面局部出现坑槽

图 4-4　桥面局部松散、露骨

图 4-5　桥面小范围车辙、深度较浅

图 4-6　局部出现波浪、拥包

图 4-7　桥面横向明显开裂

图 4-8　桥面多处松散、露骨

图 4-9　桥面较大大范围车辙、深度较深

图 4-10　桥面大面积出现较深沉陷

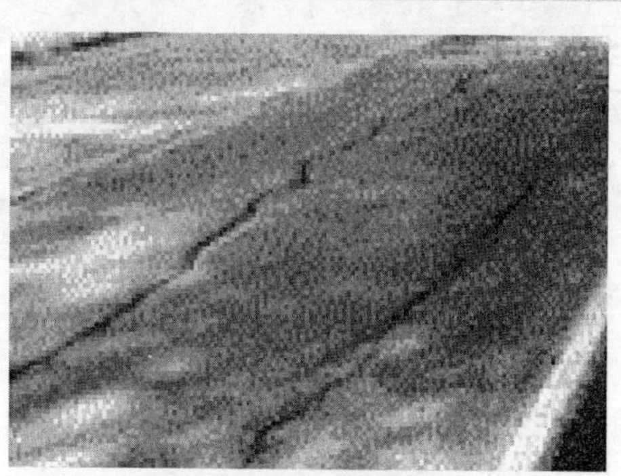

图 4-11　桥面纵向开裂严重

图 4-12　桥面横向多条深而宽的裂缝

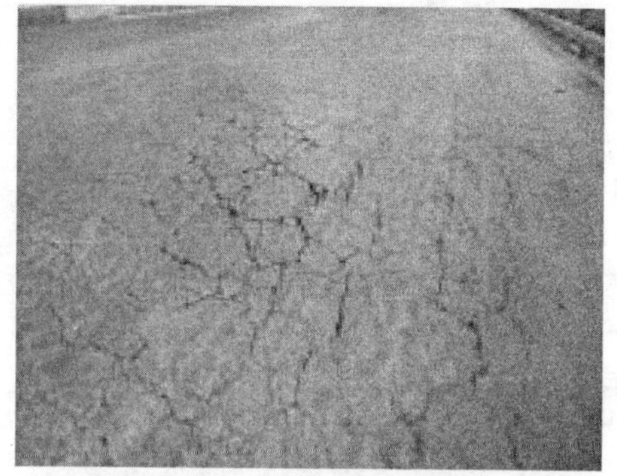

图 4-13　桥面大范围网裂

图 4-14　桥面大面积出现深坑槽桥

图 4-15　桥面大面积松散露骨

图 4-16　车辙严重影响桥面行车

图 4-17　大面积出现泛油、磨光

图 4-18　桥面严重沉陷、桥面积水

水泥混凝土桥面铺装开裂、不平整评定标准　　表 4-2

等级	定性描述	定量描述	图形标杆
1	完好	—	—
2	桥面局部存在横向裂缝、纵向裂缝或斜裂缝，局部接缝两侧出现高差现象，局部出现坑洞，局部接缝处出现浅层边角剥落，局部出现层状剥落，局部出现磨光、脱皮、露骨	$L_1 \leqslant 1/2S$； $0.5\text{mm} < W_1 \leqslant 1.5\text{mm}$； $L_2 \leqslant 1/2M$； $0.5\text{mm} < W_2 \leqslant 1.5\text{mm}$ $5\text{mm} < h \leqslant 10\text{mm}$ $Z \leqslant 3\%$ $\mathrm{U}(V) \leqslant 10\%$	图 4-19 图 4-20 图 4-21 图 4-22 图 4-23
3	桥面多处存在横向裂缝、纵向裂缝或斜裂缝，边缘有碎裂，多处接缝两侧出现高差现象，多处出现坑洞，多处接缝处出现中、深层边角剥落，多处出现层状剥落，多处出现磨光、脱皮、露骨	$1/2S < L_1 \leqslant 2/3S$； $1.5\text{mm} < W_1 \leqslant 3\text{mm}$； $1/2M < L_2 \leqslant 2/3M$； $1.5\text{mm} < W_2 \leqslant 3\text{mm}$ $10\text{mm} < h \leqslant 15\text{mm}$ $3\% < Z \leqslant 10\%$ $10\% < \mathrm{U}(V) \leqslant 20\%$	图 4-24 图 4-25 图 4-26 图 4-27
4	桥面大部分存在横向裂缝、纵向裂缝或斜裂缝，边缘有碎裂，并伴有错台出现；大多处接缝两侧出现高差现象；大部分桥面坑洞；大部分接缝处出现深层角边剥落，局部出现层状剥落；局部出现磨光、脱皮、露骨	$L_1 > 2/3S$； $W_1 > 3\text{mm}$； $L_2 > 2/3M$； $W_2 > 3\text{mm}$ $h > 15\text{mm}$ $Z > 10\%$ $\mathrm{U}(V) > 20\%$	图 4-28 图 4-29 图 4-30 图 4-31
5	—	—	—

表中，L_1- 纵向裂缝最大长度；S- 桥面跨径；W_1- 纵向裂缝最大宽度，mm；L_2- 横向裂缝最大长度；M- 行车道宽；W_2- 横向裂缝最大宽度，mm；h- 接缝两侧高差，mm；Z =（坑洞累计面积/铺装层面积）×100%；U =（剥落累计面积/铺装层面积）×100%；V =（磨光、脱皮、露骨累计面积/铺装层面积）×100%

图 5-19　桥面局部纵向、横向裂缝

图 4-20　接缝两侧出现高差

图 4-21 桥面局部出现坑洞

图 4-22 局部接缝处浅层边角剥落

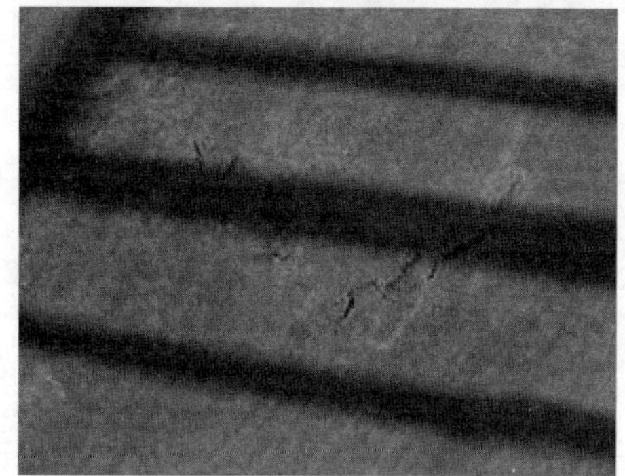
图 4-23 桥面局部混凝土剥落

图 4-24 桥面纵向、横向、斜向裂缝

图 4-25 多处接缝两侧出现高差

图 4-26 桥面多处出现坑洞

图 4-27 多处接缝处中、深层边角剥落

图 4-28 桥面大面积交错裂缝

图 4-29 桥面高差较大影响行车

图 4-30 桥面坑洞、局部出现层状剥落

桥头跳车评定标准 表 4-3

等级	定性描述	定量描述	图形标杆
1	完好	—	—
2	桥头轻度跳车,台背路面轻微下沉	$k \leqslant 2$cm	图 4-32
3	桥头跳车明显,台背路面明显下沉	2cm $< k \leqslant 5$cm	图 4-33
4	桥头跳车严重,使得车辆颠簸,台背路面下沉量较大,引起乘客和驾驶员的不适,必须处理	$k > 5$cm	图 4-34
5	—	—	—

表中,k- 台背路面下沉量,cm

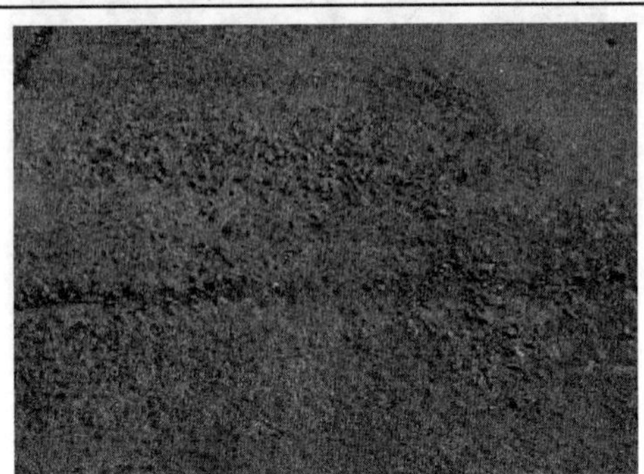

图 4-31 大面积磨光、脱皮、露骨

图 4-32 引道轻微沉降

图 4-33 引道明显沉降

图 4-34 引道严重沉降

4.2.2 伸缩装置

伸缩装置典型损伤包括螺母松动及钢材变形,螺母松动及钢材变形导致的结构缝宽异常,螺母松动及钢材变形导致的非正常声响,台背路面下沉导致的桥头跳车产生的伸缩装置损伤,螺母松动及钢材变形导致的接缝高差,缝内有沉积物,接缝处铺装破损。

螺母松动及钢材变形评定标准见表4-4。螺母松动及钢材变形导致的结构缝宽异常评定标准见表4-5,相应的图形标杆见图4-35 ~ 图4-37。螺母松动及钢材变形导致的非正常声响评定标准见表4-6。螺母松动及钢材变形导致的接缝高差评定标准见表4-7,相应的图形标杆见图4-38 和图4-39。缝内有沉积物评定标准见表4-8,相应的图形标杆见图4-40。接缝处铺装破损评定标准见表4-9,相应的图形标杆见图4-41 ~ 图4-42。

螺母松动及钢材变形评定标准 表4-4

等级	定性描述	定量描述	图形标杆
1	完好	—	—
2	个别螺母件松动、缺失或焊缝开裂	$\alpha \leq 10\%$	—
3	少量螺母件松动、缺失或焊缝开裂,造成钢板变形	$10\% < \alpha \leq 20\%$	—
4	大量螺母件松动、缺失或焊缝开裂,造成钢板破变形失效	$\alpha > 20\%$	—
5	—	—	—

表中,α =(螺母松动、缺失、开焊的数量/螺母的总数)×100%

结构缝宽异常评定标准 表4-5

等级	定性描述	定量描述	图形标杆
1	完好	—	—
2	伸缩缝宽与设计时预留的正常缝宽相比略有变化	$\alpha \approx 0$	—
3	伸缩缝宽与设计时预留的正常缝宽相比变化明显	$\alpha < 2$	图4-35
4	指伸缩缝宽几乎为零,伸缩缝两侧的桥梁构件紧密地接触在一起或伸缩缝宽度过大	$\alpha > 2$	图4-36 图4-37
5	—	—	—

表中,α-当时气温下伸缩缝宽与设计缝宽的差值,cm

非正常声响评定标准 表4-6

等级	定性描述	定量描述	图形标杆
1	完好	—	—
2	伸缩缝在车辆经过时发出轻微的异常声响	—	—
3	伸缩缝在车辆经过时发出冲击和噪声	—	—
4	伸缩缝在车辆经过时发出强烈噪声,冲击力很大,引起车辆的突跳,引起乘客和驾驶员的不适	—	—
5	—	—	—

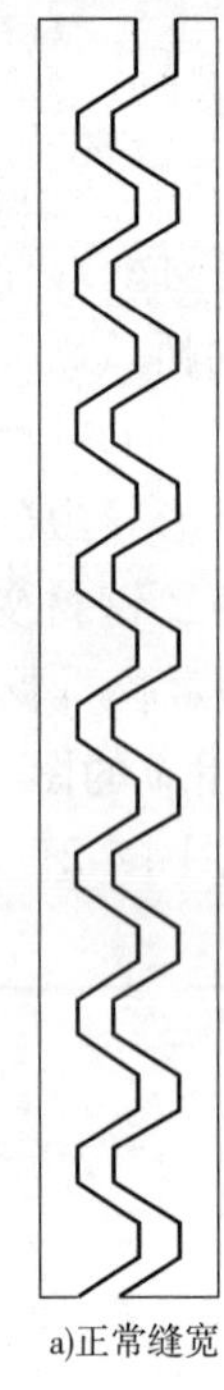

a)正常缝宽

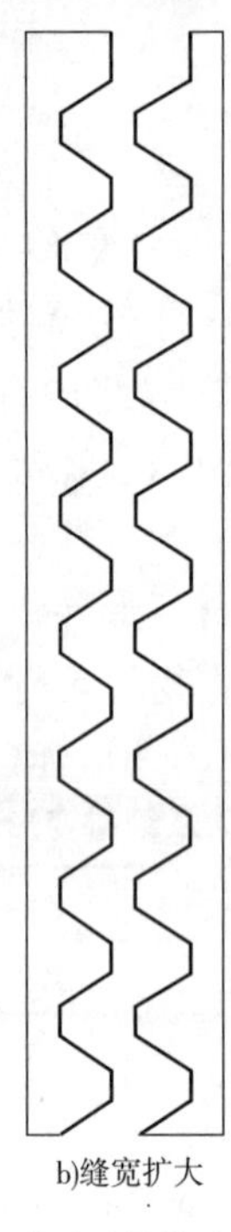

b)缝宽扩大

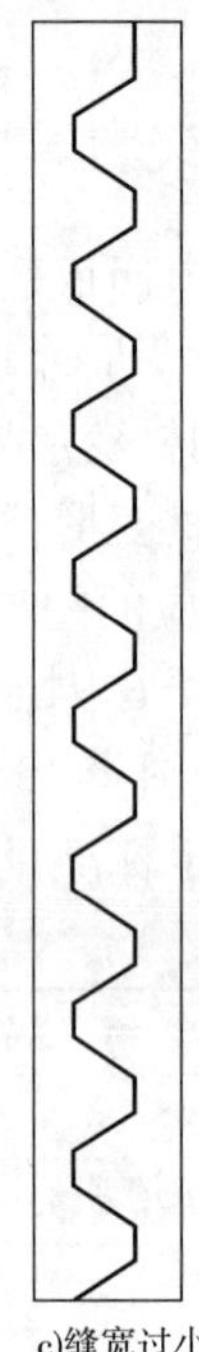

c)缝宽过小

图 4-35　伸缩缝结构缝宽异常

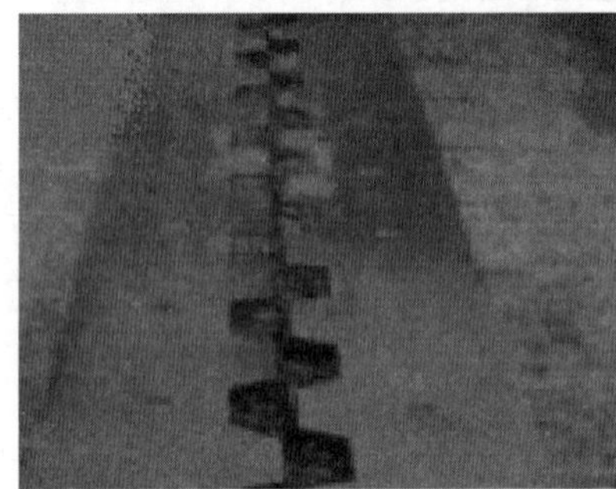

图 4-36　伸缩缝间隙过大

图 4-37　伸缩缝间隙过小

接缝高差评定标准　　表 4-7

等级	定性描述	定量描述	图形标杆
1	完好	—	—
2	桥梁伸缩装置与桥面(路面)连接处有高差	$\alpha<2$	—
3	桥梁伸缩装置与桥面(路面)连接处高差明显	$2<\alpha<5$	图 4-38 图 4-39
4	桥梁伸缩装置与桥面(路面)连接处高差已严重影响行车	$\alpha>5$	—
5	—	—	—
表中,α-桥梁伸缩装置与桥面(路面)连接处高差绝对值,mm			

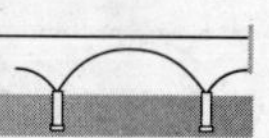

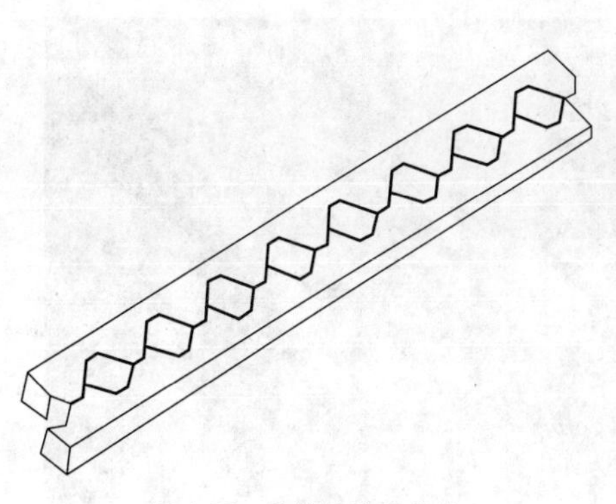

图4-38 伸缩缝接缝高差

图4-39 伸缩缝接缝高差

缝内有沉积物 表4-8

等级	定性描述	定量描述	图形标杆
1	完好	—	—
2	指伸缩缝内有少量的杂物	—	图4-40a)
3	缩缝内有大量的杂物	—	图4-40b)
4	伸缩缝严重阻塞	—	图4-40c)
5	—	—	—

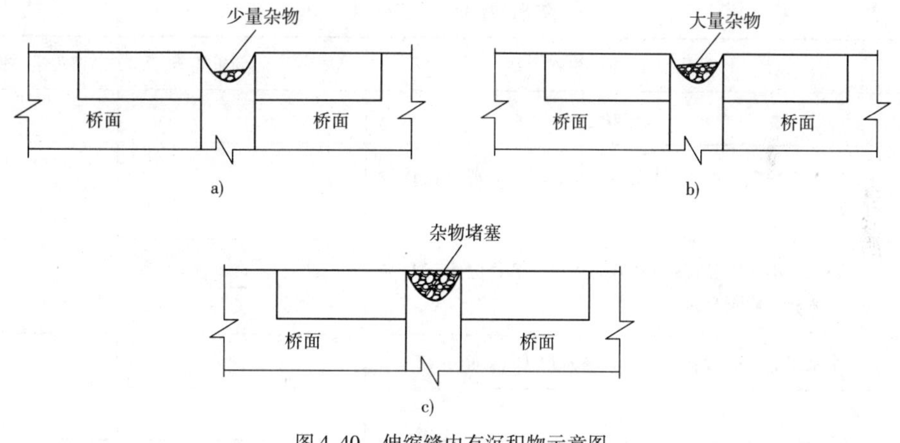

图4-40 伸缩缝内有沉积物示意图

接缝处铺装破损评定标准 表4-9

等级	定性描述	定量描述	图形标杆
1	完好	—	—
2	接缝处桥面边缘轻微损坏,出现裂缝、剥落现象	$s<0.1$(10个以内)	—
3	接缝处桥面边缘局部损坏,出现裂缝、剥落现象,需要修补	$s>0.1$(10个以上)	图4-41 图4-42
4	接缝处桥面边缘大面积破损,不能正常使用,需大修	—	—
5	—	—	—

表中,s-桥梁接缝处桥面边缘损坏的单处面积,m^2

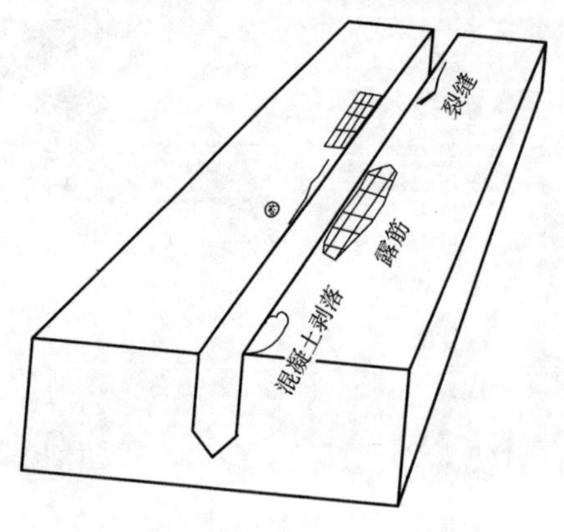

图 4-41　接缝处混凝土过渡带破损

图 4-42　伸缩缝混凝土碎裂

4.2.3　排水系统

排水系统典型的损伤包括防水层渗水，泄水管堵塞，泄水管、引水槽、排水孔残缺，桥头排水沟损坏。

防水层渗水评定标准见表 4-10，泄水管堵塞评定标准见表 4-11，排水设施残缺评定标准见表 4-12，桥头排水沟损坏评定标准见表 4-13。

防水层渗水评定标准　　表 4-10

等级	定性描述	定量描述	图形标杆
1	完好	—	—
2	防水层轻微的渗水，从桥梁梁底来看，个别位置有渗水痕迹	—	—
3	防水层渗水明显，从桥梁梁底来看，多处位置有漏水的痕迹并且漏水量较大	—	—
4	防水层老化失效，普遍断裂、渗水严重	—	—
5	—	—	—

泄水管堵塞评定标准　　表 4-11

等级	定性描述	定量描述	图形标杆
1	完好	—	—
2	个别泄水管轻微堵塞，周围有少量渗水现象	—	—
3	少量泄水管锈蚀、堵塞	$\alpha<5\%$	—
4	大量泄水管露筋、锈蚀、堵塞，下雨时桥面存在积水	$5\%<\alpha<10\%$	—
5	大量泄水管脱落，泄水孔堵塞，下雨时桥面积水严重	$\alpha>10\%$	—
表中，α =（泄水管受损的个数/泄水管总数）×100%			

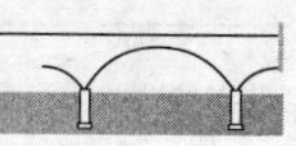

排水设施残缺评定标准　　表4-12

等级	定性描述	定量描述	图形标杆
1	完好	—	—
2	少量排水设施破损、缺件、管体脱落或个别位置漏留渗水管	$\alpha < 5\%$	—
3	大量排水设施破损、缺件、管体脱落或很多位置漏留渗水管	$5\% < \alpha < 20\%$	—
4	排水设施严重残缺或脱落，下雨时桥面积水严重	$\alpha > 20\%$	—
5	—	—	—
表中，α=（破损的排水设施个数/排水设施总数）×100%			

桥头排水沟损坏评定标准　　表4-13

等级	定性描述	定量描述	图形标杆
1	完好	—	—
2	桥头排水沟堵塞不畅通	—	—
3	桥头排水沟部分损坏，功能降低	—	—
4	桥头排水沟全部损坏，几乎消失	—	—
5	—	—	—

4.2.4 人行道及附属设施损伤

人行道及附属设施：其典型的损伤包括人行道块件破损，栏杆、护栏破损，照明设施破损，标志、标线不清晰或者残缺。

人行道块件破损评定标准见表4-14，栏杆、护栏破损评定标准见表4-15，相应的图形标杆见图4-43。照明设施破损评定标准见表4-16，相应的图形标杆见图4-44。标志、标线不清晰或者残缺评定标准见表4-17。

人行道块件破损评定标准　　表4-14

等级	定性描述	定量描述	图形标杆
1	完好	—	—
2	轻微裂缝	$\alpha < 5$	—
3	人行道面产生交错裂缝，把人行道块件分割成网状的碎块	$5 < \alpha < 10$	—
4	人行道块件、错开脱空下沉	$10 < \alpha < 20$	—
5	人行道块件破碎并材料散失	$\alpha > 20$	—
表中，α=（人行道块件受损的面积/人行道面积）×100%			

栏杆、护栏损伤评定标准　　表4-15

等级	定性描述	定量描述	图形标杆
1	完好	—	—
2	基本清洁，无松动，个别构件局部有细小裂纹、麻面	$\alpha < 5$	—
3	少量构件有松动、开裂、剥落，欠清洁	$5 < \alpha < 10$	—
4	部分构件明显松动、开裂、剥落、露筋、锈蚀、脱落	$10 < \alpha < 20$	—
5	大量构件严重网裂、错位、变形、脱空下陷、残缺	$\alpha > 20$	图4-43
表中，α=（栏杆、护栏受损的个数/栏杆、护栏的总数）×100%			

图 4-43　大量护栏破损、残缺

照明设施损伤评定标准　表 4-16

等级	定性描述	定量描述	图形标杆
1	完好	—	—
2	个别照明灯具损坏,灯柱锈蚀,灯柱基座混凝土轻微开裂	$\alpha < 10$	—
3	少量灯柱倾斜不正,灯具损坏,灯柱基座混凝土崩角	$10 < \alpha < 20$	图 4-44
4	大量照明线老化坡断,灯柱、灯具残缺不齐,灯柱基座混凝土严重开裂	$\alpha > 20$	—
5	—	—	—

表中,α = (照明设施受损的数量/照明设施的总数) × 100%

图 4-44　少量灯柱基座混凝土崩角

标志、标线不清晰或者残缺评定标准　表 4-17

等级	定性描述	定量描述	图形标杆
1	完好	—	—
2	个别标志、标线不清晰	$\alpha < 10$	—
3	少量标志、标线难以辨认或残缺	$10 < \alpha < 20$	—
4	大量标志、标线难以辨认或残缺	$\alpha > 20$	—
5	—	—	—

表中,α = (标志、标线受损的数量/标志、标线的总数) × 100%

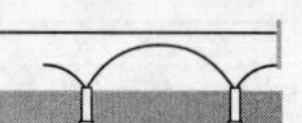

4.3 上部结构损伤指标评定标准

4.3.1 装配式空心板桥

装配式空心板桥分为钢筋混凝土空心板桥、预应力混凝土空心板桥和部分预应力混凝土空心板桥。一般而言,钢筋混凝土装配式空心板适用跨度为6~13m,预应力混凝土装配式空心板桥适用跨度为13~20m。装配式空心板桥上部结构典型损伤主要包括:板体结构性裂缝,板体下挠或其他变形,板体混凝土剥落、非结构性裂缝及盐析等表面缺陷,铰缝开裂、渗水。

(1)板体结构性裂缝

装配式空心板桥的结构性裂缝主要体现为:①跨中正弯矩裂缝。正弯矩裂缝首先表现为跨中板底横向裂缝;进一步发展,则从底板延伸至腹板,形成U形受弯裂缝;随着荷载的增大,裂缝宽度增大,长度延伸,缝数增多,间距变小。裂缝区域由跨中逐渐向两侧发展。②板底纵向裂缝。板底纵向裂缝一般在空心板底板最薄处,部分裂缝伴有渗水,表明裂缝已贯通板底。典型裂缝见图4-45。

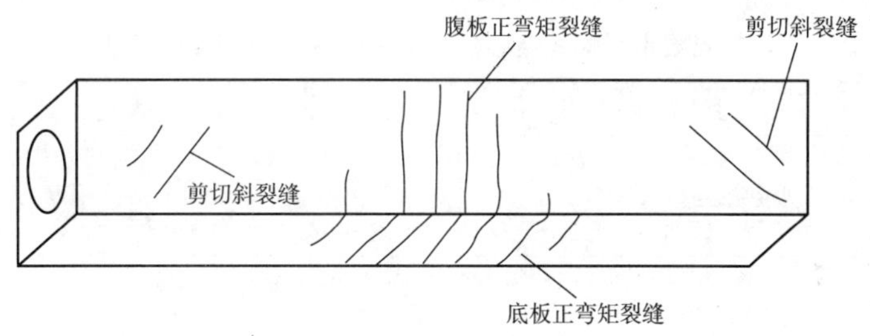

图4-45 钢筋混凝土空心板典型受力裂缝示意图

本评定标准以《公路桥涵养护规范》(JTG H11—2004)的相关裂缝规定为主要依据,同时参考了《城市桥梁养护技术规范》(CJJ 99—2003)与《民用建筑可靠性鉴定标准》(GB 50292—1999)中对裂缝宽度限值的规定,考虑了环境因素对限值取值的影响。原则上,以相关规范的限值作为第三级指标的下限值。

预应力混凝土装配式空心板梁的裂缝主要表现为梁底纵向裂缝。由于预应力的存在,预应力空心板板底很少出现横向裂缝,规范也要求全预应力构件不允许出现横向裂缝。但是因由于预应力钢筋的隔离长度设置不当,预应力放张过快或超载作用,导致预应力筋端部局部拉应力过大,也可能导致板底出现横向裂缝。

(2)板体跨中挠度或其他变形

装配式空心板桥横向连接较弱,铰缝损伤反射到桥面铺装出现纵向裂缝,影响结构的横向受力分布,可能形成“单板受力”的状态,引发跨中下挠。

(3)板体表观损伤

板体表观损伤类型主要包括:网裂及其他非结构性裂缝、层离、剥落或露筋、掉棱或缺角、蜂窝麻面、表面侵蚀、表面沉积等。

由于混凝土组成材料特性及其浇筑、养生过程的相关因素，其在塑性状态或固化后可能产生裂缝，这种非因荷载力或其他外力引发的裂缝，即为非结构性裂缝，对结构的耐久性产生影响。它主要有以下几种类型：塑性状态下出现的裂缝，早期热缩裂缝，长期干缩裂缝，龟裂及其他形式的裂缝。由于非结构性裂缝形状不规则，故仅用裂缝的最大宽度和开裂总面积来进行描述。

(4)铰缝损伤

装配式空心板桥横向一般采用企口缝铰连接，近十几年来，大量采用浅型铰缝的构造设计，不仅施工质量难以保证，也不符合铰接板梁设计计算理论的假定，故铰缝损伤也是此类桥梁最为常见和典型的损伤。局部小范围铰缝损坏在短期内对桥梁的影响不甚明显，只是给人一种施工质量差和不安全感。但在长期的水蚀和活载反复作用下可加速铰缝的损坏，使铰缝的连接性能减弱、失效，并反射到桥面铺装出现纵向裂缝，影响结构的横向受力分布，最严重的情况形成单板受力，加速板体的破坏。

板体结构性裂缝评定标准见表4-18 和表4-19，相应的图形标杆见图4-46～图4-52。板体跨中挠度或其他变形评定标准见表4-20，相应的图形标杆见图4-53。混凝土蜂窝、麻面等的评定标准见表4-21～表4-24，相应的图形标杆见图4-54～图4-62。铰缝损伤评定标准见表4-25，相应的图形标杆见图4-63～图4-66。

钢筋混凝土装配式空心板桥板体结构性裂缝评定标准 表4-18

等级	定性描述		定量描述	图形标杆
1	跨中正弯矩裂缝	个别短细裂缝	$D_{1(\min)} \geq 50$； $W_{1(\max)} < 0.05$	—
	纵向裂缝	个别短细裂缝	$L_{2(\max)} < 1/6L_0$； $W_{2(\max)} < 0.05$	—
2	跨中正弯矩裂缝	少量短细裂缝	$30 < D_{1(\min)} < 50$； $0.05 < W_{1(\max)} < 0.15$	—
	纵向裂缝	有少量短细裂缝或接合面出现轻微开裂	$1/6L_0 < L_{2(\max)} < 1/4L_0$； $0.05 < W_{2(\max)} < 0.15$	—
3	跨中正弯矩裂缝	缝宽小于限值	$20 < D_{1(\min)} < 30$； $0.15 < W_{1(\max)} < 0.25$	图4-46a)
	纵向裂缝	个别处有明显带宽度的裂缝或接合面显著开裂	$1/4L_0 < L_{2(\max)} < 1/3L_0$； $0.15 < W_{2(\max)} < 0.25$	图4-47a) 图4-48
4	跨中正弯矩裂缝	多处出现结构性裂缝，部分裂缝发展迅速，重点部位裂缝缝宽大于限值，边板多数底板跨中裂缝延伸至中性轴以上	$10 < D_{1(\min)} < 20$； $0.25 < W_{1(\max)} < 0.5$	图4-46b) 图4-49 图4-50
	纵向裂缝	有部分较宽裂缝或接合面多处明显开裂	$1/3L_0 < L_{2(\max)} < 2/3L_0$； $0.25 < W_{2(\max)} < 0.5$	图4-47b)

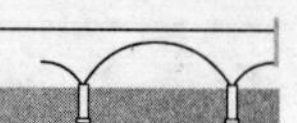

续上表

等级	定性描述		定量描述	图形标杆
5	跨中正弯矩裂缝	多处严重开裂，裂缝宽而密，缝宽大于限值，裂缝大多贯通	$D_{1(\min)}<10$； $W_{1(\max)}>0.5$	图4-46c) 图4-51
	纵向裂缝	有大量长而宽裂缝或接合面多处严重开裂	$L_{2(\max)}>2/3L_0$； $W_{2(\max)}>0.5$(大多数)	图4-47c) 图4-52

表中，D_1-正弯矩裂缝间距；W_1-正弯矩裂缝宽度；L_2-板底纵向裂缝长度；W_2-板底纵向裂缝宽度；L_0-空心板长度；B_0-空心板宽度；H_0-空心板高度；max-表示最大；mix-表示最小；除裂缝宽度以mm计外，其余单位均以cm计

注：当结构所处Ⅰ环境时，裂缝宽度的限值按表中规定取用；当结构所处Ⅱ、Ⅲ、Ⅳ环境时，裂缝宽度的限值减去0.05mm后取用。

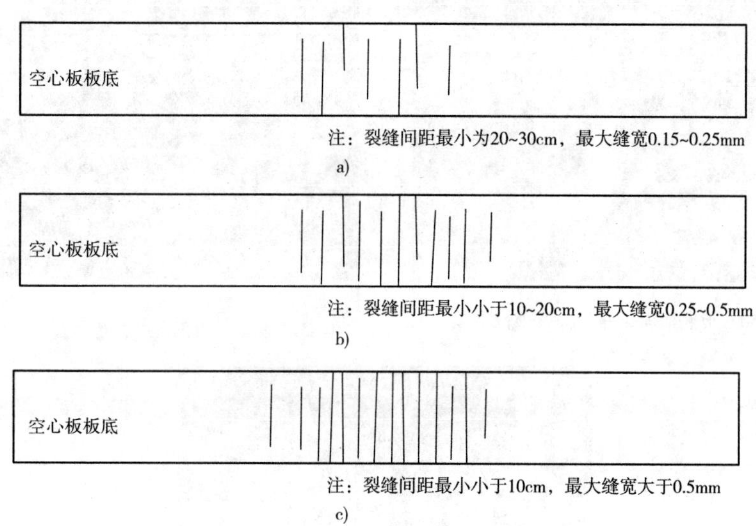

图4-46 跨中正弯矩裂缝损伤示意图

空心板板底

注：裂缝长度最长为1/4~1/3板长，最大缝宽0.15~0.25mm

a)

空心板板底

注：裂缝长度最长为1/2~2/3板长，最大缝宽0.25~0.5mm

b)

空心板板底

注：裂缝长度最长大于2/3板长，最大缝宽大于0.5mm

c)

图4-47 板底纵向裂缝损伤示意图

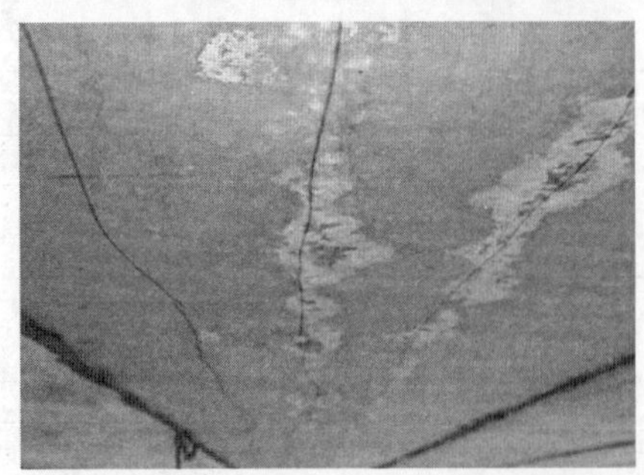
图 4-48　板底宽度在 0.15～0.25mm 的纵向裂缝

图 4-49　空心板底部横向裂缝，宽度大于限值

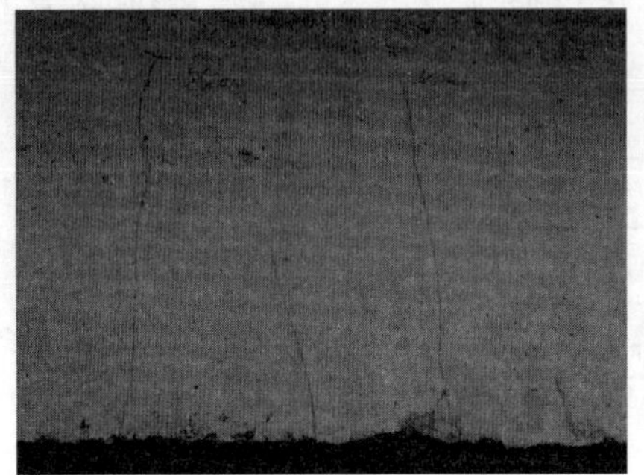
图 4-50　板底横向裂缝延伸至中性轴以上

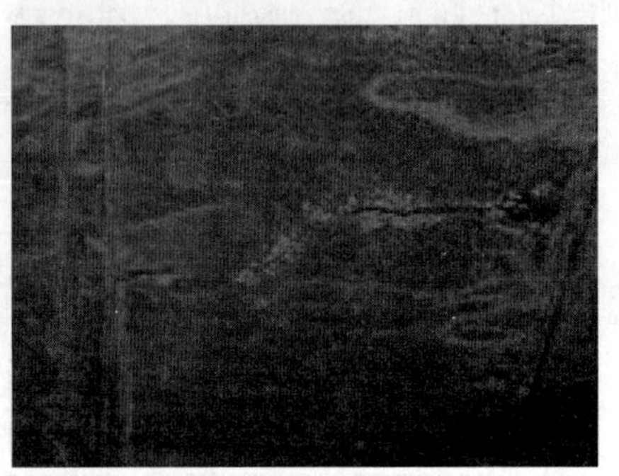
图 4-51　板底贯通正弯矩裂缝，宽度大于 0.5mm

图 4-52　板底大量纵向裂缝，长度同板长

预应力混凝土装配式空心板桥结构性裂缝评定标准　　表 4-19

等级		定性描述	定量描述	图形标杆
1	横向	完好，无裂缝	—	—
	纵向	个别短细裂缝	$L_{2(\max)} < 1/6L_0$； $D_{2(\min)} \geqslant 50$ $W_{2(\max)} < 0.05$	—
2	横向	无裂缝	$W_{1(\max)} < 0.05$	—
	纵向	有少量短细裂缝或接合面出现轻微开裂	$1/6L_0 < L_{2(\max)} < 1/4L_0$； $50 < D_{2(\min)} < 30$； $W_{2(\max)} < 0.15$	—

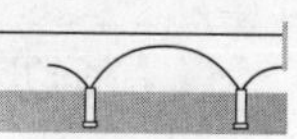

续上表

等级		定性描述	定量描述	图形标杆
3	横向	个别轻微裂缝	$0.05 < W_{1(max)} < 0.10$	—
	纵向	个别处有明显带宽度的裂缝或接合面显著开裂	$1/4L_0 < L_{2(max)} < 1/3L_0$； $30 < D_{2(min)} < 20$； $0.15 < W_{2(max)} < 0.25$	—
4	横向	轻微裂缝	$0.10 < W_{1(max)} < 0.15$	—
	纵向	有部分较宽裂缝或接合面多处明显开裂	$1/3L_0 < L_{2(max)} < 2/3L_0$； $20 < D_{2(min)} < 10$； $0.25 < W_{2(max)} < 0.5$	—
5	横向	有明显的裂缝出现	$W_{1(max)} > 0.15$	—
	纵向	有大量长而宽裂缝或接合面多处严重开裂	$L_{2(max)} > 2/3L_0$； $D_{2(max)} > 10$； $W_{2(max)} > 0.5$（大多数）	—

表中，W_1-板底横向裂缝宽度；L_2-板底纵向裂缝长度；D_2-板底纵向裂缝间距；W_2-板底纵向裂缝宽度；L_0-空心板长度；max-表示最大；mix-表示最小；除裂缝宽度以mm计外，其余单位均以cm计

注：当结构所处Ⅰ环境时，裂缝宽度的限值按表中规定取用；当结构所处Ⅱ、Ⅲ、Ⅳ环境时，裂缝宽度的限值减去0.05mm后取用。

空心板板体跨中挠度或其他变形评定标准 表4-20

等级	定性描述	定量描述	图形标杆
1	完好	—	—
2	较好，梁体无明显挠曲变形	—	—
3	挠度小于限值；或个别构件出现弯曲变形，行车稍感振动或摇晃	$\omega_1 < 1/1\,000L_1$；$\omega_1 < \omega_0$	—
4	挠度接近限值；或个别构件出现异常弯曲变形，行车振动或摇晃或有异常声音	$1/1\,000L_1 < \omega_1 < 1/600L_1$； $\omega_0 < \omega_1 < 2\omega_0$	—
5	挠度大于限值或较多主要构件出现异常变形，显著影响承载力，影响行车安全，或结构振动或摇晃显著，有不正常移动	$\omega_1 > 1/600L_1$；$\omega_1 > 2\omega_0$	图4-53

表中，ω_1-跨中最大挠度；L_1-计算跨径；ω_0-按规范JTG D62—2004计算的挠度验算值

图 4-53　跨中下挠示意图

空心板混凝土蜂窝、麻面评定标准　　表 4-21

等级	定性描述	定量描述	图形标杆
1	基本上完好无缺	—	—
2	局部轻微蜂窝麻面	$\alpha<3\%$；$s<0.5$	—
3	较大面积蜂窝麻面	$3\%<\alpha<10\%$；$0.5<s<1.0$	—
4	大范围蜂窝麻面	$10\%<\alpha<20\%$；$1.0<s<2.0$	图 4-54
5	蜂窝麻面严重	$\alpha>20\%$；$s>2.0$	图 4-55
表中，s-混凝土蜂窝麻面的单处最大面积，m^2；α =（混凝土蜂窝麻面的总面积/构件表面积）×100%			

图 4-54　板底大面积少浆麻面、集料外露

图 4-55　板底大面积麻面、老化

空心板混凝土剥落、露筋评定标准　　表 4-22

等级	定性描述	定量描述	图形标杆
1	完好	—	—
2	局部混凝土剥落；钢筋锈蚀，混凝土表面有沿着钢筋的裂缝或混凝土表面有锈迹	$\alpha<3\%$；$s<0.5$	—
3	较大范围混凝土剥落；钢筋锈蚀，主筋锈蚀或混凝土表面保护层剥落，钢筋裸露	$3\%<\alpha<10\%$；$0.5<s<1.0$	图 4-56

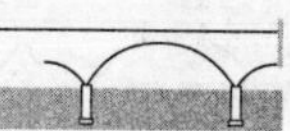

续上表

等级	定性描述	定量描述	图形标杆
4	大范围混凝土剥落;钢筋锈蚀,混凝土表面开裂,甚至少部分主筋锈断	$10\% < \alpha < 20\%$;$1.0 < s < 2.0$	—
5	混凝土剥落严重;大量主筋锈断	$\alpha > 20\%$;$s > 2.0$	图 4-57

表中,s-混凝土剥落、露筋的单处最大面积,m^2;α =(混凝土剥落、漏筋的总面积/构件表面积)×100%

图 4-56 混凝土剥落面积 0.5 ~ 1.0m^2

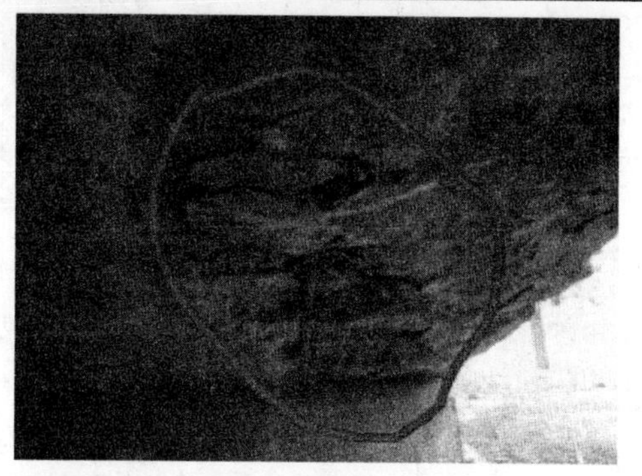

图 4-57 板底混凝土剥落,面积大于 2m^2

空心板典型板体渗水、盐析评定标准

表 4-23

等级	定性描述	定量描述	图形标杆
1	完好	—	—
2	个别位置有渗水现象	$\alpha < 3\%$	—
3	板体局部有明显渗水现象	$3\% < \alpha < 10\%$	—
4	板体多处有明显渗水现象,渗水处伴有晶体析出或锈蚀现象	$10\% < \alpha < 20\%$	—
5	板体大面积明显渗水,渗水处伴有晶体析出或锈蚀现象,流膏处混凝土松散	$\alpha > 20\%$	图 4-58 图 4-59

表中,α =(构件渗水、盐析的面积/构件表面积)×100%

图 4-58 板体大面积渗水、盐析

图 4-59 板体大面积渗水、腐蚀

空心板梁桥板体非结构性裂缝评定标准　　表4-24

等级	定性描述	定量描述	图形标杆
1	无裂缝或少量短细裂缝	$W_{(max)}<0.25$	—
2	出现小范围短细裂缝	$0.25<W_{(max)}<0.3$;$T<3\%A$	—
3	出现较多短细裂缝	$0.3<W_{(max)}<0.35$; $3\%A<T<6\%A$	图4-60
4	出现网状裂缝;或出现沿受力钢筋方向的裂缝	$0.35<W_{(max)}<0.4$; $6\%A<T<10\%A$	图4-61
5	出现较大面积的网状裂缝;或出现沿受力钢筋方向的裂缝,缝口有锈迹	$W_{(max)}>0.4$; $T>10\%A$	图4-62

表中,W-裂缝宽度,mm;A-空心板底面的面积,m^2;T-网裂(龟裂)累计面积,m^2;max-表示最大;mix-表示最小;其余单位均以cm计

注:当结构所处Ⅰ环境(指结构混凝土耐久性的环境类别,见规范TJG D62—2004,下同)时,裂缝宽度的限值按表中规定取用;当结构所处Ⅱ、Ⅲ、Ⅳ环境时,裂缝宽度的限值减去0.05mm后取用。

图4-60　空心板边板腹板钢筋锈胀开裂

图4-61　空心板底部沿钢筋锈胀裂缝

图4-62　空心板底部网状开裂

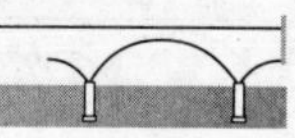

空心板铰缝损伤评定标准 表4-25

等级	定性描述	定量描述	图形标杆
1	铰缝基本完好,无显著剥落、脱空、错台等损伤	$\alpha=0$	—
2	铰缝个别位置有渗水、剥落现象	$0<\alpha<5\%$	—
3	铰缝有明显渗水、剥落现象;板体轻微振动	$5\%<\alpha<30\%$	图4-63
4	铰缝混凝土大量脱落,多处有明显渗水现象,渗水处伴有晶体析出或锈蚀现象,流膏处混凝土松散;板体轻微振动,易被感知;桥面铺装沿铰缝出现少量纵向裂缝	$30\%<\alpha<55\%$	图4-64 图4-65
5	铰缝几乎丧失作用;板体出现明显振动;桥面铺装沿铰缝出现贯通纵向裂缝,且宽度较大,并逐步发展成纵向坑槽;形成单板受力	$\alpha>55\%$	图4-66

表中,α=(铰缝开裂、渗水、盐析的长度/铰缝总长度)×100%;除裂缝宽度以mm计外,其余单位均以cm计

图4-63 铰缝渗水、有锈迹

图4-64 铰缝混凝土大量脱落,有渗水

图4-65 桥面铺装在铰缝位置开裂

图4-66 桥面铺装沿铰缝开裂,并形成坑槽

4.3.2 整体现浇板桥

整体现浇板桥一般为现浇矩形板桥。整体现浇板桥上部结构典型损伤主要包括:板体

结构性裂缝，板体下挠及其他变形，板体混凝土剥落，非结构性裂缝及盐析等表面缺陷。

板体表观损伤类型主要包括：网裂及其他非结构性裂缝、层离、剥落或露筋、掉棱或缺角、蜂窝麻面、表面侵蚀、表面沉积等。

板体结构性裂缝评定标准见表4-26，相应的损伤图形标杆见图4-67～图4-70。板体跨中挠度或其他变形评定标准见表4-27，板体表观性缺陷评定标准见表4-21～表4-24。

整体现浇板梁桥结构性裂缝评定标准 表4-26

等级		定性描述	定量描述	图形标杆
1	横向	个别短细裂缝	$L_{1(\max)}<1/6B_0$； $D_{1(\min)}\geqslant 50$； $W_{1(\max)}<0.05$	—
	纵向	别短细裂缝	$L_{2(\max)}<1/6L_0$； $D_{2(\min)}\geqslant 50$ $W_{2(\max)}<0.05$	—
2	横向	少量短细裂缝	$1/6B_0<L_{1(\max)}<1/3B_0$； $30<D_{1(\min)}<50$； $0.05<W_{1(\max)}<0.15$	—
	纵向	有少量短细裂缝或接合面出现轻微开裂	$1/6L_0<L_{2(\max)}<1/4L_0$； $30<D_{2(\min)}<50$； $W_{2(\max)}<0.15$	—
3	横向	缝宽小于限值	$1/3B_0<L_{1(\max)}<B_0$； $20<D_{1(\min)}<30$； $0.15<W_{1(\max)}<0.25$	—
	纵向	个别处有明显带宽度的裂缝或接合面显著开裂	$1/4L_0<L_{2(\max)}<1/3L_0$； $20<D_{2(\min)}<30$； $0.15<W_{2(\max)}<0.25$	图4-67
4	横向 竖向	多处出现结构性裂缝，部分裂缝发展迅速，重点部位裂缝缝宽大于限值，边板多数底板跨中裂缝延伸至中性轴以上	$L_{1(\max)}\geqslant B_0$； $10<D_{1(\min)}<20$； $0.25<W_{1(\max)}<0.5$	—
	纵向	有部分较宽裂缝或接合面多处明显开裂	$1/3L_0<L_{2(\max)}<2/3L_0$； $10<D_{2(\min)}<20$； $0.25<W_{2(\max)}<0.5$	图4-68 图4-69

续上表

等级		定性描述	定量描述	图形标杆
5	横向 竖向	多处严重开裂，裂缝宽而密，缝宽大于限值，裂缝大多贯通	$L_{1(max)} \geq B_0$； $D_{1(min)} < 10$； $W_{1(max)} > 0.5$	—
	纵向	有大量长而宽裂缝或接合面多处严重开裂	$L_{2(max)} > 2/3L_0$； $D_{2(min)} < 10$； $W_{2(max)} > 0.5$（大多数）	图4-70
表中，L_1-板底横向裂缝长度；D_1-板底横向裂缝间距；W_1-板底横向裂缝宽度；L_2-板底纵向裂缝长度；D_2-板底纵向裂缝间距；W_2-板底纵向裂缝宽度；L_0-现浇板长度；B_0-现浇板宽度；max-表示最大；mix-表示最小；除裂缝宽度以mm计外，其余单位均以cm计				

注：当结构所处Ⅰ环境时，裂缝宽度的限值按表中规定取用；当结构所处Ⅱ、Ⅲ、Ⅳ环境时，裂缝宽度的限值减去0.05mm后取用。

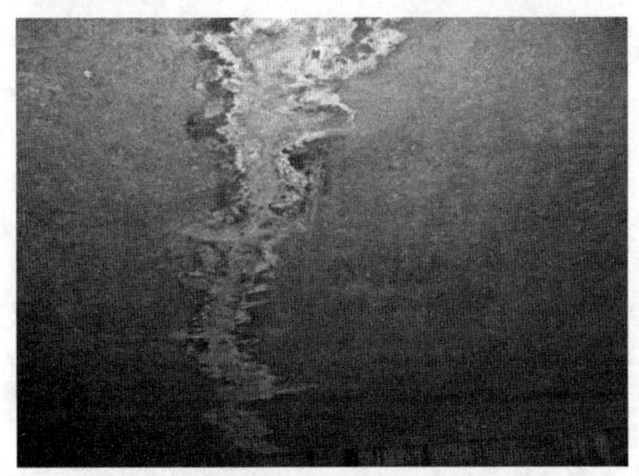

图4-67　板底纵向开裂、渗水、盐析

图4-68　板底纵向开裂

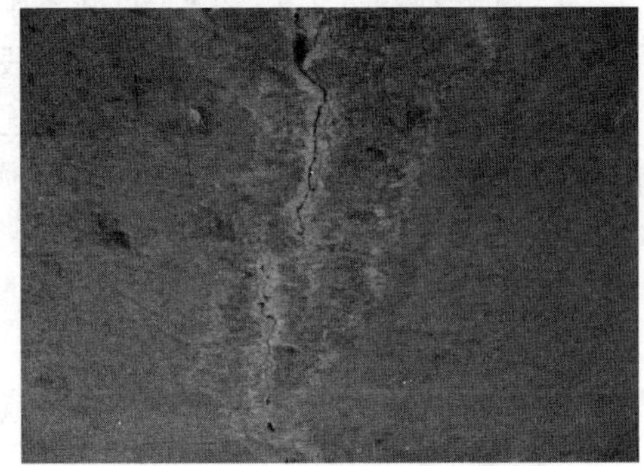

图4-69　板底纵向开裂，渗水、盐析

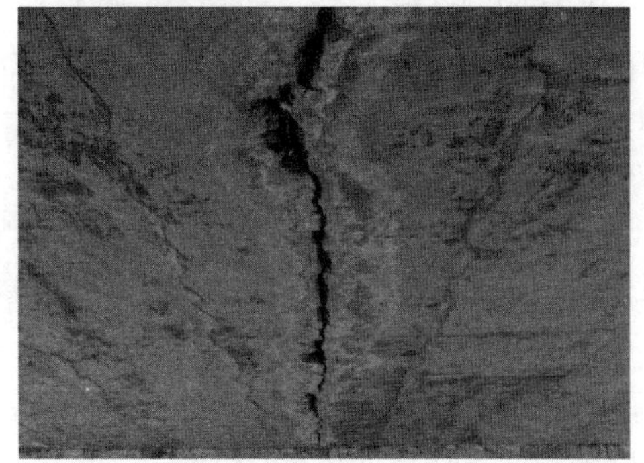

图4-70　板底纵向开裂严重、渗水

整体现浇板体跨中挠度或其他变形评定标准　　表4-27

等级	定性描述	定量描述	图形标杆
1	完好	—	—
2	较好，梁体无明显挠曲变形	—	—
3	挠度小于限值；或个别构件出现弯曲变形，行车稍感振动或摇晃	$\omega_1 < 1/1\,000L_1$；$\omega_1 < \omega_0$	—

续上表

等级	定性描述	定量描述	图形标杆
4	挠度接近限值;或个别构件出现异常弯曲变形,行车振动或摇晃或有异常声音	$1/1\,000L_1 < \omega_1 < 1/600L_1$ $\omega_0 < \omega_1 < 2\omega_0$	—
5	挠度大于限值或较多主要构件出现异常变形,显著影响承载力,影响行车安全,或结构振动,或摇晃显著,有不正常移动	$\omega_1 > 1/600L_1$;$\omega_1 > 2\omega_0$	—

表中,ω_1-跨中最大挠度,m;L_1-计算跨径,m;ω_0-按规范 JTG D62—2004 计算的挠度验算值

4.3.3 T(工)形梁桥

预制T(工)形梁通过横隔梁、翼缘桥面现浇板、湿接缝或铰缝横向连成整体。主梁采用T形截面、工字形截面与I形截面所构成的桥梁,受力性能及结构损伤特征非常相近,故在此一并评定。

T(工)形梁桥重点检查部位为主梁、横隔梁、桥面板和铰缝,其常见损伤主要表现为主梁跨中弯曲裂缝、梁端斜向剪切裂缝、横隔板开裂、铰缝混凝土脱落、渗水、桥面板局部混凝土剥落、露筋等。

(1)结构性裂缝

T(工)形梁桥的结构性裂缝主要指:①主梁跨中弯曲裂缝。梁板结构的正弯矩裂缝一般位于跨中,从底边开始向上发展到腹板,形成U字形裂缝。随着荷载的增大,裂缝宽度增大,长度延伸,缝数增多,裂缝区域逐渐向两侧发展。②梁端斜向弯剪裂缝。剪切裂缝也称斜裂缝,首先发生在剪应力最大的部位。对受弯构件和压弯构件,裂缝往往发生于支座附近。由下部开始,沿着与轴线呈25°~50°的角度裂开。随着荷载增大。裂缝长度将不断增长并向受压区发展,裂缝缝数不断增多并分岔,裂缝区也逐渐向跨中方向扩大。③现浇段连续处开裂。对于跨径较大的简支梁桥主梁上翼缘间需加入一段现浇混凝土,使各主梁连接成整体,并构成桥面板,或在预制主梁上现浇整体桥面板。先简支后桥面板连续的典型损伤发生在墩顶区域桥面板及铺装层上,其中拉应力及裂缝的宽度严重超标,导致混凝土开裂,最后在桥面活载循环作用下破碎。相关示意图见图4-71~图4-74。

(2)梁体表观损伤

梁体表观损伤类型主要包括:网裂及其他非结构性裂缝、层离、剥落或露筋、掉棱或缺角、蜂窝麻面、表面侵蚀、表面沉积等。

(3)横向联系损伤

横隔梁的常见形式为现浇连接和钢板焊接,其典型损伤体现为:横隔梁开裂及连接钢板脱焊、断裂。

钢筋混凝土T(工)形梁桥梁体结构性裂缝评定标准见表4-28;预应力混凝土T(工)形梁桥梁体结构性裂缝评定标准表4-29;T(工)形梁桥梁体下挠及其他变形评定标准见表4-30;T(工)形梁桥梁体表观损伤评定标准见表4-21~表4-24,部分严重表观损伤图形标杆见图4-84~图4-90;T(工)形梁桥横隔板损伤评定标准见表4-31,损伤图形标杆

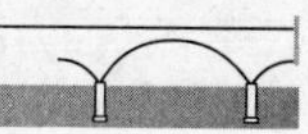

见图4-91～图4-93。T(工)形梁桥铰缝(或湿接缝)损伤评定标准见表4-32,损伤图形标杆见图4-94和图4-95。T(工)形梁桥翼缘桥面现浇段损伤评定标准见表4-33,图形标杆见图4-96。

钢筋混凝土T(工)形梁桥梁体结构性裂缝评定标准 表4-28

等级		定性描述	定量描述	图形标杆
1	主梁跨中弯曲裂缝	个别短细裂缝	$h_{(max)}<0.2H_0$； $D_{2(min)}\geqslant 50$； $W_{2(max)}<0.05$	—
	梁端斜向弯剪裂缝	个别短细裂缝	$L_{3(max)}<1/6H_0$； $D_{3(min)}\geqslant 50$； $W_{3(max)}<0.05$	—
	现浇段连续处开裂	个别短细裂缝	$L_{5(max)}<1/6B$； $D_{5(min)}\geqslant 50$ $W_{5(max)}<0.05$	—
2	主梁跨中弯曲裂缝	轻微裂缝	$0.2H_0<h_{(max)}<0.3H_0$； $30<D_{2(min)}<50$； $0.05<W_{2(max)}<0.15$	—
	梁端斜向弯剪裂缝	轻微裂缝	$1/6H_0<L_{3(max)}<1/3H_0$； $30<D_{3(min)}<50$； $0.05<W_{3(max)}<0.2$	—
	现浇段连续处开裂	轻微裂缝	$1/6B<L_{5(max)}<1/4B$； $30<D_{5(min)}<50$； $W_{5(max)}<0.15$	—
3	主梁跨中弯曲裂缝	有少量裂缝,缝宽小于限值	$0.3H_0<h_{(max)}<0.5H_0$； $20<D_{2(min)}<30$； $0.15<W_{2(max)}<0.25$	图4-75a) 图4-77
	梁端斜向弯剪裂缝	有少量裂缝,缝宽小于限值	$1/3H_0<L_{3(max)}<H_0$； $20<D_{3(min)}<30$； $0.2<W_{3(max)}<0.3$	图4-76a)
	现浇段连续处开裂	有少量裂缝,缝宽小于限值	$1/4B<L_{5(max)}<1/3B$； $20<D_{5(min)}<30$； $0.15<W_{5(max)}<0.25$	图4-78

续上表

等级		定性描述	定量描述	图形标杆
4	主梁跨中弯曲裂缝	多处出现结构性裂缝，部分裂缝发展迅速，重点部位裂缝缝宽大于限值	$0.5H_0 < h_{(max)} < 0.75H_0$； $10 < D_{2(min)} < 20$； $0.25 < W_{2(max)} < 0.5$	图 4-75b) 图 4-79
	梁端斜向弯剪裂缝	多处出现结构性裂缝，部分裂缝发展迅速，重点部位裂缝缝宽大于限值	$0.3 < W_{3(max)} < 0.5$； $10 < D_{3(min)} < 20$； $L_{3(max)} > H_0$	图 4-76b) 图 4-80
	现浇段连续处开裂	多处出现结构性裂缝，部分裂缝发展迅速，重点部位裂缝缝宽大于限值	$1/3B < L_{5(max)} < 2/3B$； $10 < D_{5(min)} < 20$； $0.25 < W_{5(max)} < 0.5$	图 4-81
5	主梁跨中弯曲裂缝	多处严重开裂，裂缝宽而密，缝宽大于限值，裂缝大多贯通	$h_{(max)} > 0.75H_0$； $D_{2(min)} < 10$； $W_{2(max)} > 0.5$	图 4-75c) 图 4-82
	梁端斜向弯剪裂缝	多处严重开裂，裂缝宽而密，缝宽大于限值，裂缝大多贯通	$L_{3(max)} > H_0$； $D_{3(min)} < 10$； $W_{3(max)} > 0.5$	图 4-76c)
	现浇段连续处开裂	多处严重开裂，裂缝宽而密，缝宽大于限值，裂缝大多贯通	$L_{5(max)} > 2/3B$； $D_{5(min)} < 10$； $W_{5(max)} > 0.5$(大多数)	图 4-83

表中，h-T 梁腹板的高度；D_2-T 梁腹板竖向裂缝间距；W_2-T 梁腹板竖向裂缝宽度；L_3-T 梁腹板斜裂缝的高度；D_3-T 梁腹板斜裂缝间距；W_3-T 梁腹板斜裂缝宽度；L_5-现浇段纵向裂缝的长度；D_5-现浇段纵向裂缝的间距；W_5-现浇段纵向裂缝的宽度；L_0-T 梁长度；B_0-T 梁底板宽度；H_0-T 梁腹板高度；B-桥梁的横向宽度；max-表示最大；mix-表示最小；除裂缝宽度以 mm 计外，其余单位均以 cm 计

注：当结构所处Ⅰ环境时，裂缝宽度的限值按表中规定取用；当结构所处Ⅱ、Ⅲ、Ⅳ环境时，裂缝宽度的限值减去 0.05mm 后取用。

预应力混凝土 T(工)形梁桥梁体结构性裂缝评定标准 表 4-29

等级		定性描述	定量描述	图形标杆
1	主梁跨中弯曲裂缝	无裂缝	—	—
	梁端斜向弯剪裂缝	个别短细裂缝	$L_{3(max)} \leqslant 1/6\ H_0$； $D_{3(min)} \geqslant 50$； $W_{3(max)} \leqslant 0.05$	—
	现浇段连续处开裂	个别短细裂缝	$L_{5(max)} \leqslant 1/6B$； $D_{5(min)} \geqslant 50$ $W_{5(max)} \leqslant 0.05$	—

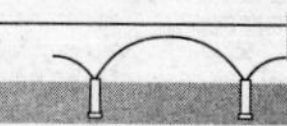

续上表

等级		定性描述	定量描述	图形标杆
2	主梁跨中弯曲裂缝	轻微裂缝	$h_{(max)} \leqslant 0.3H_0$； $30 \leqslant D_{2(min)} < 50$； $0.05 < W_{2(max)} \leqslant 0.15$	—
	梁端斜向弯剪裂缝	轻微裂缝	$1/6H_0 < L_{3(max)} \leqslant 1/3H_0$； $30 \leqslant D_{3(min)} < 50$； $0.05 < W_{3(max)} \leqslant 0.2$	—
	现浇段连续处开裂	轻微裂缝	$1/6B < L_{5(max)} \leqslant 1/4B$； $30 < D_{5(min)} \leqslant 50$ $W_{5(max)} \leqslant 0.15$	—
3	主梁跨中弯曲裂缝	有少量裂缝，缝宽小于限值	$0.3H_0 < h_{(max)} \leqslant 0.5H_0$； $20 \leqslant D_{2(min)} < 30$； $0.15 < W_{2(max)} \leqslant 0.25$	—
	梁端斜向弯剪裂缝	有少量裂缝，缝宽小于限值	$1/3H_0 < L_{3(max)} \leqslant H_0$； $20 \leqslant D_{3(min)} < 30$； $0.2 < W_{3(max)} \leqslant 0.3$	—
	现浇段连续处开裂	有少量裂缝，缝宽小于限值	$1/4B < L_{5(max)} \leqslant 1/3B$； $20 \leqslant D_{5(min)} < 30$； $0.15 < W_{5(max)} \leqslant 0.25$	—
	主梁跨中弯曲裂缝	有少量裂缝，缝宽小于限值	$0.3H_0 < h_{(max)} \leqslant 0.5H_0$； $20 \leqslant D_{2(min)} < 30$； $0.15 < W_{2(max)} \leqslant 0.25$	—
	梁端斜向弯剪裂缝	有少量裂缝，缝宽小于限值	$1/3H_0 < L_{3(max)} \leqslant H_0$； $20 \leqslant D_{3(min)} < 30$； $0.2 < W_{3(max)} \leqslant 0.3$	—
	现浇段连续处开裂	有少量裂缝，缝宽小于限值	$1/4B < L_{5(max)} \leqslant 1/3B$； $20 \leqslant D_{5(min)} < 30$； $0.15 < W_{5(max)} \leqslant 0.25$	—
4	主梁跨中弯曲裂缝	多处出现结构性裂缝，部分裂缝发展迅速，重点部位裂缝缝宽大于限值	$0.5H_0 < h_{(max)} \leqslant 0.8H_0$； $10 \leqslant D_{2(min)} < 20$； $0.25 < W_{2(max)} < 0.5$	—
	梁端斜向弯剪裂缝	多处出现结构性裂缝，部分裂缝发展迅速，重点部位裂缝缝宽大于限值	$L_{3(max)} > H_0$； $10 \leqslant D_{3(min)} < 20$； $0.3 < W_{3(max)} \leqslant 0.5$	—

续上表

等级		定性描述	定量描述	图形标杆
	现浇段连续处开裂	多处出现结构性裂缝，部分裂缝发展迅速，重点部位裂缝缝宽大于限值	$1/3B < L_{5(\max)} \leqslant 2/3B$； $10 \leqslant D_{5(\min)} < 20$ $0.25 < W_{5(\max)} \leqslant 0.5$	—
5	主梁跨中弯曲裂缝	多处严重开裂，裂缝宽而密，缝宽大于限值，裂缝大多贯通	$h_{(\max)} > 0.8H_0$； $D_{2(\min)} < 10$； $W_{2(\max)} > 0.5$	—
	梁端斜向弯剪裂缝	多处严重开裂，裂缝宽而密，缝宽大于限值，裂缝大多贯通	$L_{3(\max)} > H_0$； $D_{3(\min)} < 10$； $W_{3(\max)} > 0.5$	—
	现浇段连续处开裂	多处严重开裂，裂缝宽而密，缝宽大于限值，裂缝大多贯通	$L_{5(\max)} > 2/3B$； $D_{5(\min)} < 10$； $W_{5(\max)} > 0.5$（大多数）	—

表中，h-T梁腹板竖向裂缝长度；D_2-T形梁腹板竖向裂缝间距；W_2-T形梁腹板竖向裂缝宽度；L_3-T形梁腹板斜裂缝的长度；D_3-T形梁腹板斜裂缝间距；W_3-T形梁腹板斜裂缝宽度；L_5-现浇段纵向裂缝的长度；D_5-现浇段纵向裂缝的间距；W_5-现浇段纵向裂缝的宽度；H_0-T形梁腹板高度；B-桥梁的横向宽度；max-表示最大；mix-表示最小；除裂缝宽度以mm计外，其余单位均以cm计

注：当结构所处Ⅰ环境时，裂缝宽度的限值按表中规定取用；当结构所处Ⅱ、Ⅲ、Ⅳ环境时，裂缝宽度的限值减去0.05mm后取用。

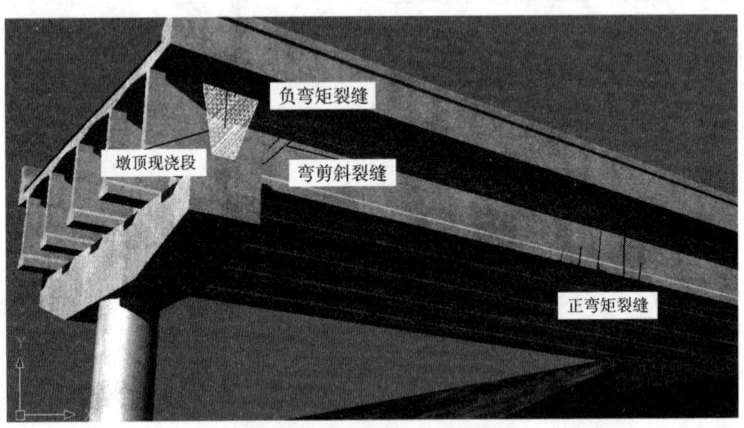

图4-71 T梁桥弯剪裂缝示意图

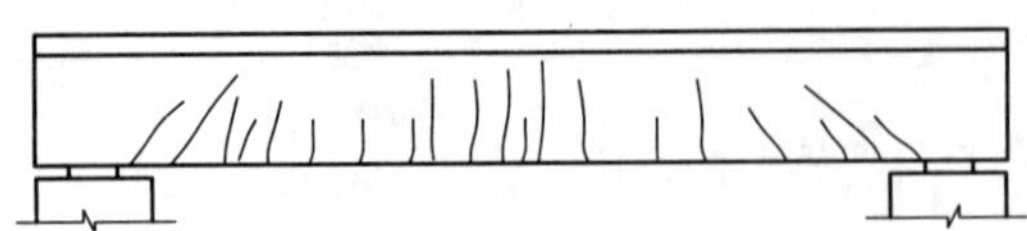

图4-72 T形梁腹板裂缝示意图

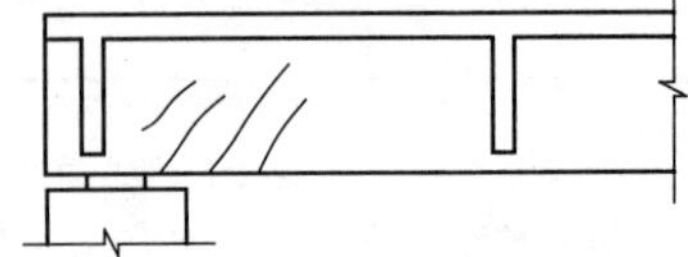

图4-73 T形梁桥梁端斜裂缝示意图

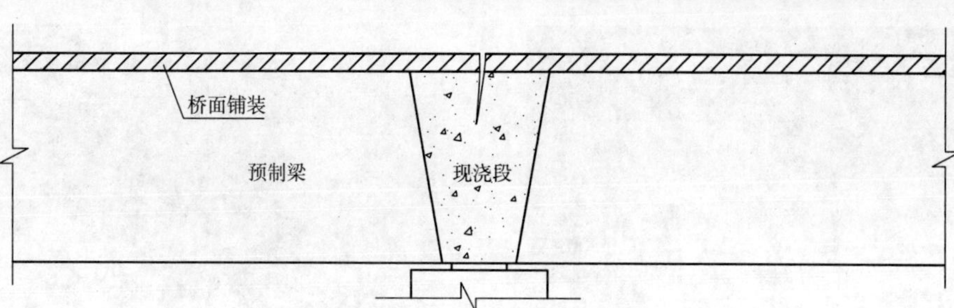

图4-74　先简支后结构连续T形梁桥现浇段典型损伤示意图

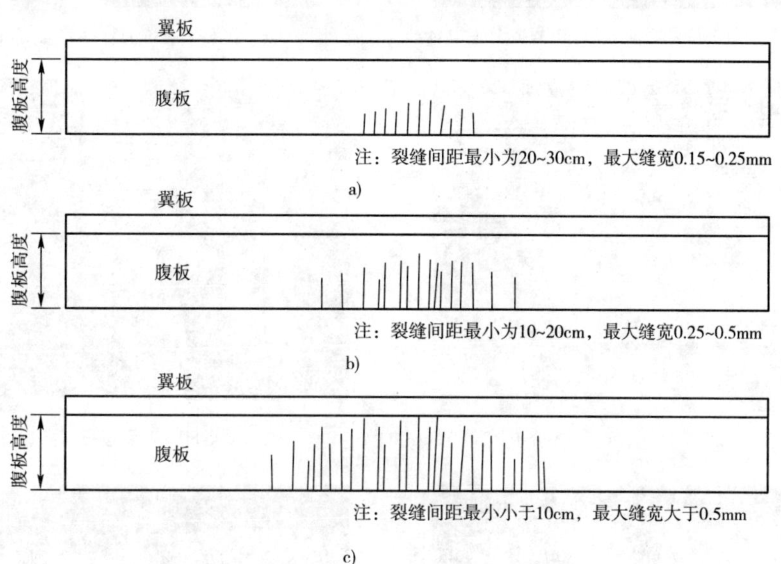

图4-75　主梁跨中弯曲裂缝损伤示意图

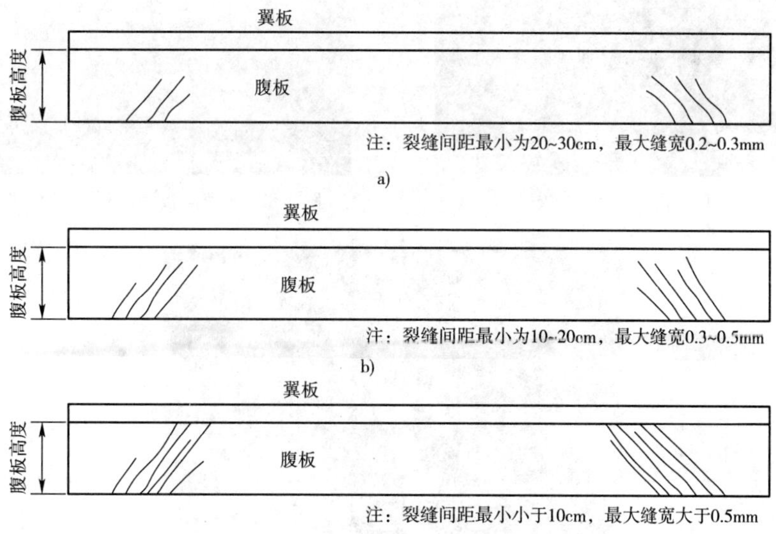

图4-76　梁端斜裂缝损伤示意图

图 4-77　T 梁腹板跨中位置竖向开裂，缝宽小于 0.25mm

图 4-78　先简支后桥面板连续 T 梁现浇段开裂

图 4-79　T 梁腹板跨中位置竖向开裂，最大缝宽介于 0.25 ~ 0.5mm

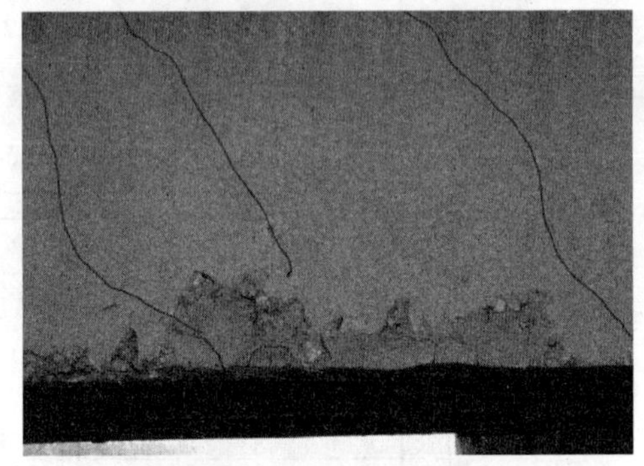

图 4-80　T 梁腹板斜向裂缝

图 4-81　墩顶湿接头钢筋剪断

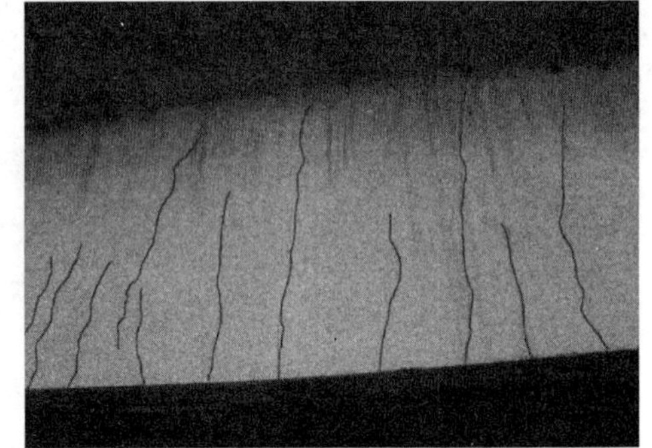

图 4-82　T 梁腹板严重开裂、竖向裂缝多而密

图 4-83　湿接头钢筋剪断导致 T 梁下落

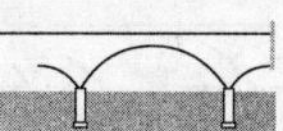

T(工)形梁桥梁体跨中挠度或其他变形评定标准 表4-30

等级	定性描述	定量描述	图形标杆
1	完好	—	—
2	较好,梁体无明显挠曲变形	—	—
3	挠度小于限值;或个别构件出现弯曲变形,行车稍感振动或摇晃	$\omega_1 < 1/1\,000L_1$;$\omega_2 < 1/500L_2$;$\omega_{1,2} < \omega_0$	—
4	挠度接近限值;或个别构件出现异常弯曲变形,行车振动或摇晃或有异常声音	$1/1\,000L_1 < \omega_1 < 1/600L_1$ $1/500L_2 < \omega_2 < 1/300L_2$ $\omega_0 < \omega_{1,2} < 2\omega_0$	—
5	挠度大于限值或较多主要构件出现异常变形,显著影响承载力,影响行车安全,或结构振动或摇晃显著,有不正常移动	$\omega_1 > 1/600L_1$;$\omega_2 > 1/300L_2$;$\omega_{1,2} > 2\omega_0$	—

表中,ω_1-跨中最大挠度,m^2;L_1-计算跨径,m^2;ω_2-悬臂端最大挠度,m^2;ω_0-按规范JTG D62—2004计算的挠度验算值;L_2-悬臂长度单位,m^2

图4-84 梁底较大面积混凝土蜂窝(3级)

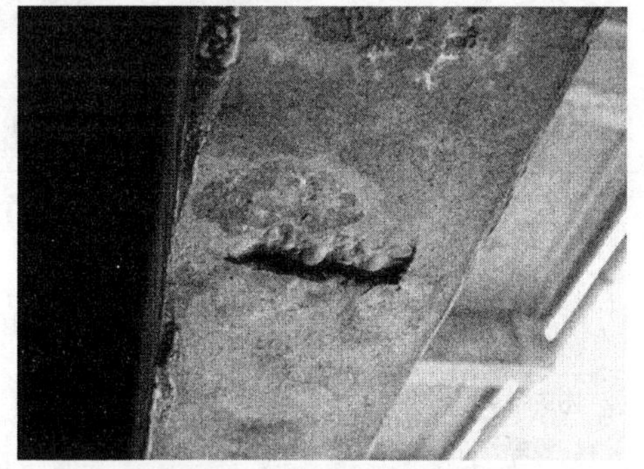

图4-85 底板混凝土脱落、露筋(2级)

图4-86 翼板边混凝土剥落露筋(2级)

图4-87 底板露主筋(4级)

图4-88　翼板大面积渗水(3级)

图4-89　腹板大面积渗水(3级)

图4-90　翼板混凝土脱落,钢筋锈胀(4级)

T(工)形梁桥横隔板缺陷评定标准　　表4-31

等级	定性描述		定量描述	图形标杆
1	完好		—	—
2	横隔板开裂	横隔板表面轻微网裂,或表面小范围混凝土剥落	$\gamma<5\%$	图4-91
	连接钢板脱焊	焊接部位有少量裂纹,焊缝不存在裂缝	$d<0.05$	
3	横隔板开裂	横隔板表面较大范围的混凝土剥落,部分钢筋断裂	$5\%<\gamma<30\%$	图4-92
	连接钢板脱焊	焊接部位有大量裂纹,受拉翼缘边焊缝存在裂缝	$0.05<d<0.20$	
4	横隔板开裂	横隔板表面大范围的混凝土剥落,大量钢筋断裂,丧失部分连接功能	$\gamma>30\%$	图4-93
	连接钢板脱焊	焊缝存在裂缝,钢板开裂,丧失部分连接功能	$d>0.20$	
5	横隔板开裂	横隔板表面大范围的混凝土剥落,大量钢筋断裂,丧失连接功能	—	—
	连接钢板脱焊	焊缝存在裂缝,钢板开裂,丧失连接功能		

表中,γ-横隔板表面混凝土开裂脱落的面积/横隔板表面积;d-横隔板钢板裂纹深度,mm

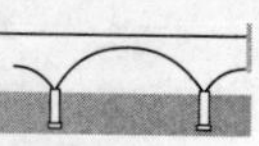

图 4-91 横隔板小范围混凝土剥落

图 4-92 较大面积混凝土剥落

图 4-93 横隔板钢板断裂

T(工)形梁桥铰缝(或湿接缝)损伤评定标准 表 4-32

等级	定性描述	定量描述	图形标杆
1	铰缝(或湿接缝)基本完好,无显著剥落、脱空、错台等损伤	$\alpha=0$	—
2	铰缝(或湿接缝)个别位置有渗水、剥落现象	$0<\alpha<5\%$	—
3	铰缝(或湿接缝)有明显渗水、剥落现象;板体轻微振动	$5\%<\alpha<30\%$	图 4-94
4	铰缝(或湿接缝)混凝土大量脱落,多处有明显渗水现象,渗水处伴有晶体析出或锈蚀现象,流膏处混凝土松散;板体轻微振动,易被感知;桥面铺装沿铰缝(或湿接缝)出现少量纵向裂缝	$30\%<\alpha<55\%$	—
5	铰缝(或湿接缝)几乎丧失作用;板体出现明显振动;桥面铺装沿铰缝(或湿接缝)出现贯通纵向裂缝,且宽度较大,并逐步发展成纵向坑槽;形成单板受力	$\alpha>55\%$	图 4-95

表中,$\alpha=6$[铰缝(或湿接缝)开裂、渗水、盐析的长度/绞缝(或湿接缝)总长度]$6\times100\%$;除裂缝宽度以 mm 计外,其余单位均以 cm 计

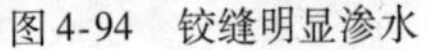

图 4-94　铰缝明显渗水

图 4-95　桥面铺装沿铰缝纵向贯通开裂

T(工)形梁桥翼缘桥面现浇段损伤评定标准　　表 4-33

等级	定性描述	定量描述	图形标杆
1	基本完好	$\alpha=0$；$h=0$	—
2	出现小范围短细裂缝	$0<\alpha<5\%$；$0<h<5\%H$	—
3	出现网状裂缝，现浇桥面板混凝土脱落、露筋	$5\%<\alpha<10\%$； $5\%H<h<10\%H$	图 4-96
4	现浇桥面板开裂严重，出现穿孔，丧失部分连接功能	$10\%<\alpha<20\%$； $10\%H<h<20\%H$	—
5	现浇桥面板开裂严重，丧失连接功能	$\alpha>20\%$；$h>20\%H$	—

表中，α-（网裂、混凝土脱落露筋总面积/现浇桥面板总面积）×100%；h-裂缝深度；H-现浇板的厚度

图 4-96　现浇桥段破损

4.3.4　预应力混凝土箱形连续梁桥及连续刚构桥

预应力混凝土连续梁桥及连续刚构桥的上部结构通常为预应力混凝土箱梁，其施工方法和结构特征比较类似，其重点检测部位为腹板、跨中底板和墩顶顶板、节段接缝、合龙段、桥面线形、预应力压浆和锚固状况等。其常见损伤为：四分点附近箱梁腹板斜向开裂、跨中区域正弯矩引起的底板横向开裂和腹板竖向开裂、墩顶负弯矩裂缝、节段接缝开裂等。

预应力混凝土连续梁桥及连续刚构桥的结构性裂缝有：①正弯矩裂缝，表现为跨中腹板竖向开裂、跨中区域底板横向开裂；②负弯矩裂缝，表现为桥墩部位顶板横向裂缝、桥墩部位腹板竖向裂缝；③斜裂缝，表现为梁端及四分点附近腹板主拉应力斜裂缝、剪跨区内的底板及腹板的弯剪斜裂缝、两个四分点区域内底板及腹板的弯剪扭耦合斜裂缝；④顶、底板纵向

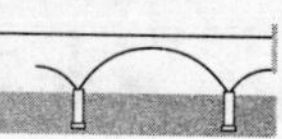

裂缝，主要发生在跨中附近厚度较薄底板、全桥顶板，板中部、折角附近；⑤齿板局部区域裂缝，发生在齿板与顶、底、腹板交界处。裂缝损伤分布示意图见图4-97～图4-104。

图4-97　连续梁桥常见裂缝示意图

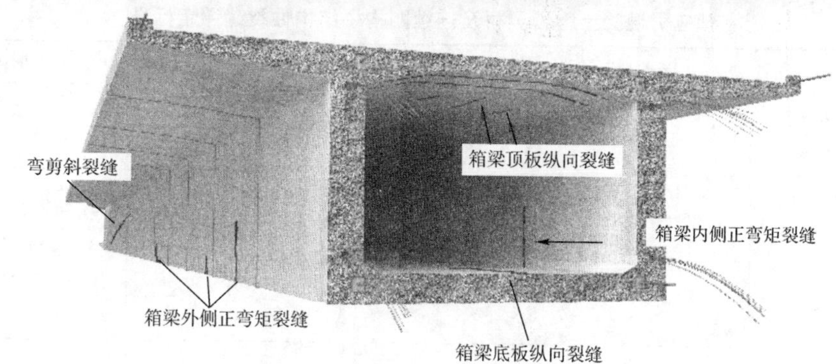

图4-98　连续梁桥常见裂缝示意图(断面)

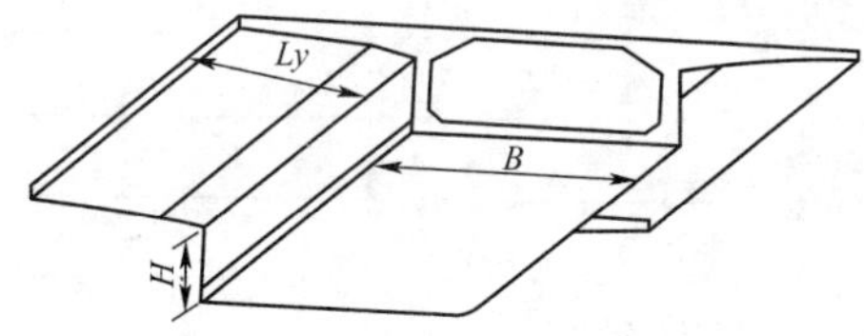

图4-99　箱梁尺寸标注示意图

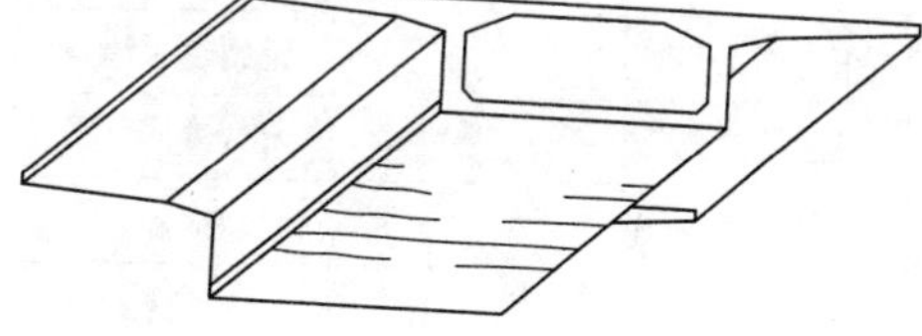

图4-100　预应力箱梁正弯矩裂缝示意图

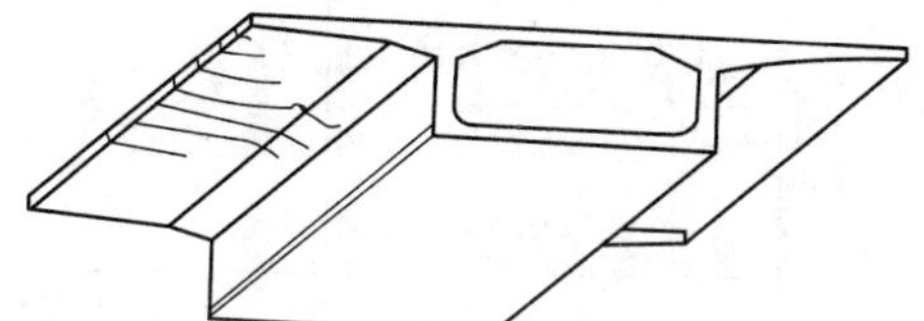

图4-101　预应力箱梁负弯矩裂缝示意图

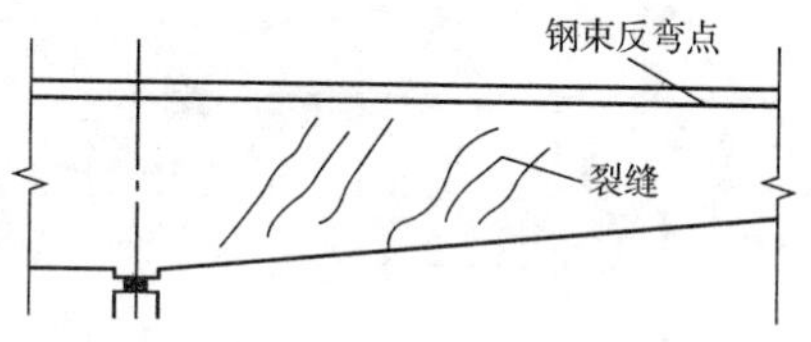

图4-102　预应力箱梁腹板斜裂缝示意图

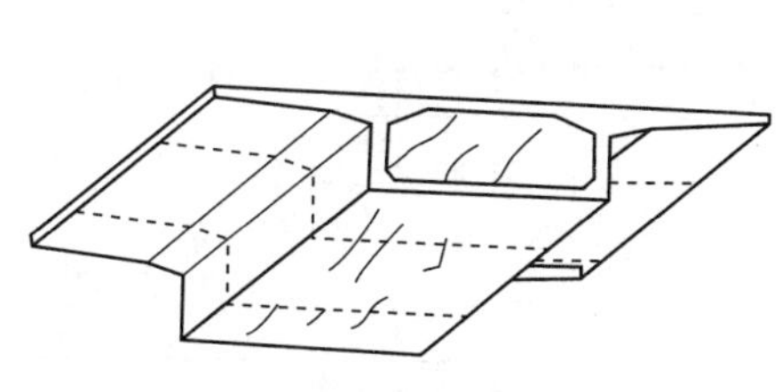

图4-103　预应力箱梁顶、底板纵向裂缝示意图

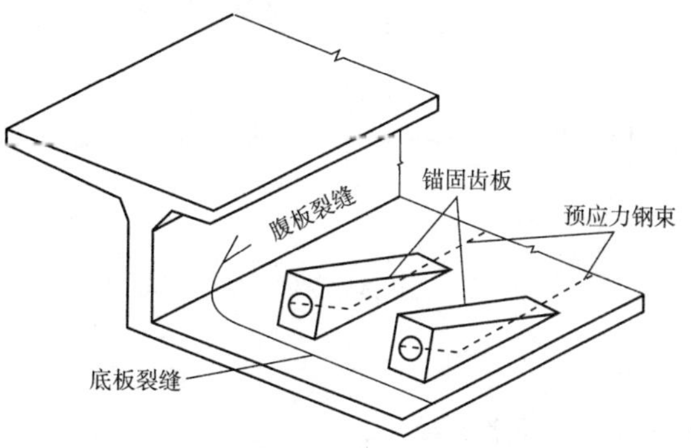

图4-104　齿板局部区域裂缝示意图

现有大跨径连续刚构桥跨中除严重开裂外，下挠过大已成为一种普遍现象，大跨径连续刚构桥后期变形过大不仅影响其外观，对其受力也将产生一定影响（特别是对于跨中发生凹曲线变形的桥梁），而且桥梁纵坡与设计相差较大，行车舒适感差，影响桥梁的安全性和正常使用性。

梁体表观损伤类型主要包括网裂及其他非结构性裂缝、层离、剥落或露筋、掉棱或缺角、蜂窝麻面、表面侵蚀、表面沉积等。

预应力混凝土连续梁桥及连续刚构桥结构性裂缝评定标准见表4-34，梁体跨中挠度或其他变形评定标准见表4-35，梁体表观缺陷评定标准见表4-21～表4-24。

预应力混凝土连续梁桥及连续刚构桥结构性裂缝评定标准 表4-34

等级	定性描述		定量描述	图形标杆
1	正弯矩裂缝	无裂缝	—	—
	负弯矩裂缝	无裂缝	—	—
	斜裂缝	无裂缝	—	—
	顶底板纵向裂缝	个别短细裂缝	$L_4 < 1/6L_0$； $D_4 \geqslant 50$； $W_4 < 0.05$	—
	齿板局部区域裂缝	无裂缝	—	—
2	正弯矩裂缝	无裂缝	—	—
	负弯矩裂缝	无裂缝	—	—
	斜裂缝	无裂缝	—	—
	顶底板纵向裂缝	少量短细裂缝	$1/6L_0 < L_4 < 1/3L_0$； $30 < D_4 < 50$； $0.05 < W_4 < 0.15$	—
	齿板局部区域裂缝	个别短细裂缝	$L_5 < 1/3B$； $W_5 < 0.05$	—
3	正弯矩裂缝	少量短细裂缝	$W_1 < 0.1$	图4-105 图4-106
	负弯矩裂缝	少量短细裂缝	$W_2 < 0.1$	—
	斜裂缝	出现较多或较长的裂缝，缝宽小于限值	$1/3H < L_3 < 2/3H$； $20 < D_3 < 30$； $W_3 < 0.1$	—
	顶底板纵向裂缝	出现较多或较长的裂缝，缝宽小于限值	$1/3L_0 < L_4 < 2/3L_0$； $20 < D_4 < 30$； $0.15 < W_4 < 0.2$	—
	齿板局部区域裂缝	出现少量裂缝，缝宽小于限值	$1/3B < L_5 < 2/3B$； $0.05 < W_5 < 0.15$	—

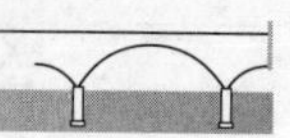

续上表

等级	定性描述		定量描述	图形标杆
4	正弯矩裂缝	腹板竖向裂缝与底板横向裂缝连通成U形,缝宽超过限值	$0.1 < W_1 < 0.15$	图4-107
	负弯矩裂缝	腹板竖向裂缝与顶板横向裂缝连通成U形,缝宽超过限值	$0.1 < W_2 < 0.15$	—
	斜裂缝	腹板斜裂缝已在高度方向上贯穿腹板,缝宽超过限值	$2/3H < L_3 < H$; $10 < D_3 < 20$; $0.1 < W_3 < 0.15$	—
	顶底板纵向裂缝	出现较多、较宽或较长的裂缝,缝宽超过限值	$2/3L_0 < L_4 < L_0$; $10 < D_4 < 20$; $0.2 < W_4 < 0.3$	图4-108
	齿板局部区域裂缝	出现较多、较宽或较长的裂缝,缝宽超过限值,个别裂缝并由底板延伸至腹板	$2/3B < L_5 < B$; $0.15 < W_5 < 0.2$	—
5	正弯矩裂缝	腹板竖向裂缝与底板横向裂缝连通成U形,缝宽超过限值	$W_1 > 0.15$	—
	负弯矩裂缝	腹板竖向裂缝与底板横向裂缝连通成U形,缝宽超过限值	$W_2 > 0.15$	图4-109
	斜裂缝	多处严重开裂,裂缝宽而密,缝宽大于限值,裂缝大多贯通	$L_3 > H$; $D_4 < 10$; $W_3 > 0.15$	—
	顶底板纵向裂缝	多处严重开裂,裂缝宽而密,缝宽大于限值,裂缝大多贯通	$W_4 > 0.2$;$L_4 > L_0$; $D_4 < 10$	—
	齿板局部区域裂缝	多处严重开裂,裂缝宽而密,缝宽大于限值,裂缝大多贯通,并由底板延伸至腹板	$W_5 > 0.2$;$L_5 > B$	—

表中,W_1-正弯矩裂缝宽度;W_2-负弯矩裂缝宽度;L_3-腹板斜裂缝的高度或厚度;D_3-斜裂缝间距;W_3-斜裂缝宽度;L_4-顶底板纵向裂缝的长度;D_4-顶底板纵向裂缝的间距;W_4-顶底板纵向裂缝的宽度;L_5-齿板局部区域裂缝的长度;W_5-齿板局部区域裂缝的宽度;L_0-箱梁长度;B-箱梁底板宽度;H-箱梁腹板高度;max-表示最大;mix-表示最小;除裂缝宽度以mm计外,其余单位均以cm计

注:当结构处于Ⅰ类环境时,裂缝宽度的限值按表中规定取用;当结构处于Ⅱ、Ⅲ、Ⅳ类环境时,裂缝宽度的限值减去0.05mm后取用。

第三跨右半跨箱内下游侧腹板

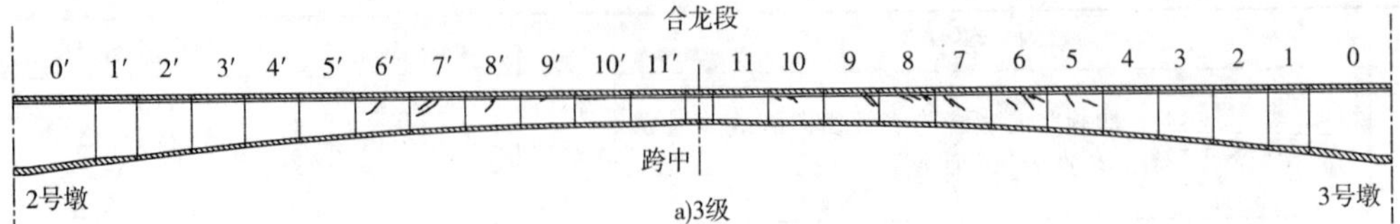

a)3级

第二跨右半跨箱内下游侧腹板

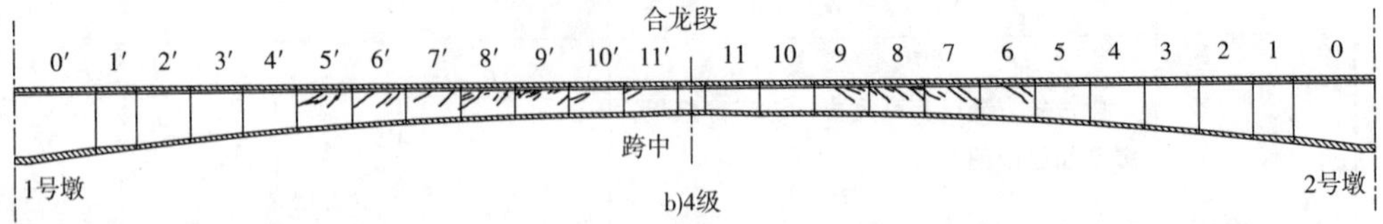

b)4级

第四跨右半跨箱内下游侧腹板

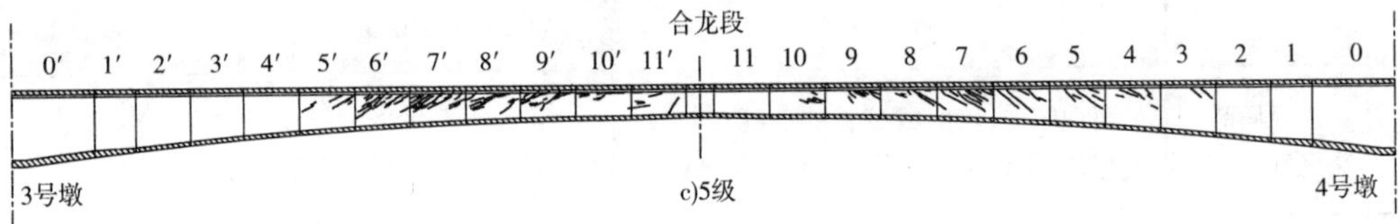

c)5级

图 4-105　连续梁桥腹板裂缝损伤示意图

图 4-106　箱梁底板少量细短正弯矩裂缝

图 4-107　箱梁底板正弯矩裂缝延伸至腹板形成 U 形裂缝

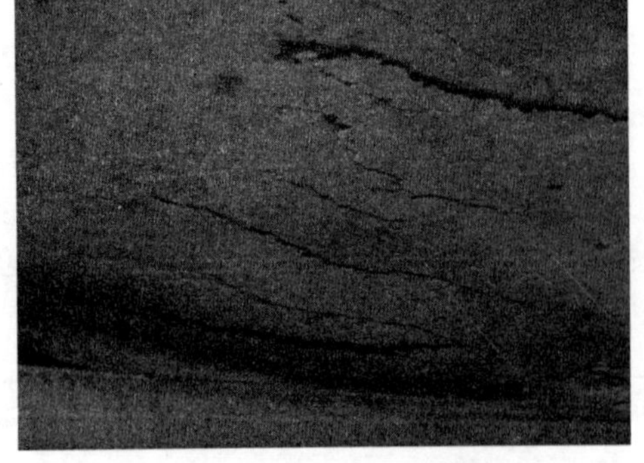

图 4-108　板底纵向开裂

图 4-109　梁底板正弯矩裂缝

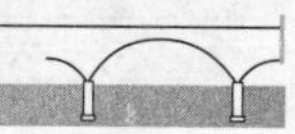

连续梁与连续刚构桥梁体跨中挠度或其他变形评定标准 表4-35

等级	定性描述	定量描述	图形标杆
1	完好	—	—
2	较好，梁体无明显挠曲变形	—	—
3	挠度小于限值；或个别构件出现弯曲变形，行车稍感振动或摇晃	$\omega_1<1/1\,000L_1$；$\omega_2<1/500L_2$；ω_1、$\omega_2<\omega_0$	—
4	挠度接近限值；或个别构件出现异常弯曲变形，行车振动或摇晃或有异常音	$1/1\,000L_1<\omega_1<1/600L_1$ $1/500L_2<\omega_2<1/300L_2$ $\omega_0<\omega_1$、$\omega_2<2\omega_0$	—
5	挠度大于限值或较多主要构件出现异常变形，显著影响承载力，影响行车安全，或结构振动或摇晃显著，有不正常移动	$\omega_1>1/600L_1$；$\omega_2>1/300L_2$；ω_1、$\omega_2>2\omega_0$	—

表中，ω_1-跨中最大挠度，m；L_1-计算跨径，m；ω_2-悬臂端最大挠度，m；ω_0-按规范 JTG D62—2004 计算的挠度验算值；L_2-悬臂长度，m

4.3.5 T形刚构桥

T形刚构桥可分为两种类型：两T构之间带挂梁和两T构之间带铰，本书只评定带挂梁的T形刚构。带挂梁的T形刚构桥属于静定结构，T构和挂梁单独作用，牛腿是T形刚构桥的悬臂端与挂梁衔接的构造部分。

T构的受力性能与连续刚构类似，挂梁的受力性能与T形梁桥相同。在大跨径梁桥设计中，通常采用全预应力设计。带挂梁连续刚构中跨跨中正弯矩裂缝示意图见图4-110。

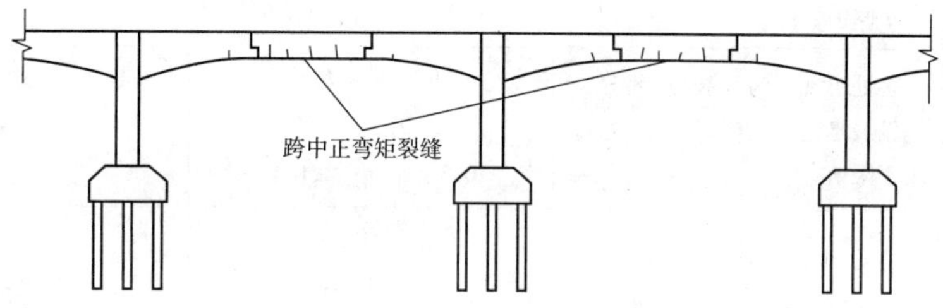

图4-110 带挂梁连续刚构中跨跨中正弯矩裂缝示意图

梁体表观缺陷类型主要包括：网裂及其他非结构性裂缝、层离、剥落或露筋、掉棱或缺角、蜂窝麻面、表面侵蚀、表面沉积等。

梁体表现缺陷评定标准见表4-21～表4-24。横向联系损伤评定方法同T形梁桥。预应力混凝土T形刚构桥挂梁的结构性裂缝评定标准见表4-36。预应力混凝土T形刚构及T构的结构性裂缝评定标准见表4-37。最大悬臂端挠度或其他变形评定标准见表4-38。梁体表观损伤评定标准见表4-21～表4-24。横隔板缺陷评定标准见表4-31。铰缝(或湿接缝)损伤评定标准见表4-32，翼缘桥面现浇段损伤评定标准见表4-33。挂梁与T构相接桥面连续处开裂的评定标准见表4-39。

预应力混凝土 T 形刚构桥挂梁的结构性裂缝评定标准　　表 4-36

等级	定性描述		定量描述	图形标杆
1	挂梁跨中弯曲裂缝	无裂缝	—	—
	梁端斜向弯剪裂缝	个别短细裂缝	$L_{3(max)}<1/6H_0$; $D_{3(min)}\geqslant 50$; $W_{3(max)}<0.05$	—
2	挂梁跨中弯曲裂缝	轻微裂缝	$0<h_{(max)}<0.3H_0$; $30<D_{2(min)}<50$; $0.05<W_{2(max)}<0.15$	—
	梁端斜向弯剪裂缝	轻微裂缝	$1/6H_0<L_{3(max)}<1/3H_0$; $30<D_{3(min)}<50$; $0.05<W_{3(max)}<0.2$	—
3	挂梁跨中弯曲裂缝	有少量裂缝,缝宽小于限值	$0.3H_0<h_{(max)}<0.5H_0$; $20<D_{2(min)}<30$; $0.15<W_{2(max)}<0.25$	—
	梁端斜向弯剪裂缝	有少量裂缝,缝宽小于限值	$1/3H_0<L_{3(max)}<H_0$; $20<D_{3(min)}<30$; $0.2<W_{3(max)}<0.3$	—
4	挂梁跨中弯曲裂缝	多处出现结构性裂缝,部分裂缝发展迅速,重点部位裂缝缝宽大于限值	$0.5H_0<h_{(max)}<0.8H_0$; $10<D_{2(min)}<20$; $0.25<W_{2(max)}<0.5$	—
	梁端斜向弯剪裂缝	多处出现结构性裂缝,部分裂缝发展迅速,重点部位裂缝缝宽大于限值	$L_{3(max)}>H_0$; $10<D_{3(min)}<20$; $0.3<W_{3(max)}<0.5$	—
5	挂梁跨中弯曲裂缝	多处严重开裂,裂缝宽而密,缝宽大于限值,裂缝大多贯通	$h_{(max)}>0.8H_0$; $D_{2(min)}<10$; $W_{2(max)}>0.5$	—
	梁端斜向弯剪裂缝	多处严重开裂,裂缝宽而密,缝宽大于限值,裂缝大多贯通 h	$L_{3(max)}>H_0$; $D_{3(min)}<10$; $W_{3(max)}>0.5$	—

表中,h-T 形梁腹板竖向裂缝长度;D_2-T 形梁腹板竖向裂缝间距;W_2-T 形梁腹板竖向裂缝宽度;L_3-T 形梁腹板斜裂缝的高度;D_3-T 形梁腹板斜裂缝间距;W_3-T 形梁腹板斜裂缝宽度;H_0-T 形梁腹板高度;max-表示最大;mix-表示最小;除裂缝宽度以 mm 计外,其余单位均以 cm 计

注:当结构处于Ⅰ类环境时,裂缝宽度的限值按表中规定取用;当结构处于Ⅱ、Ⅲ、Ⅳ类环境时,裂缝宽度的限值减去 0.05mm后取用。

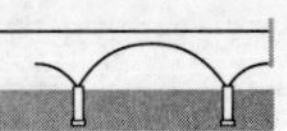

预应力混凝土 T 形刚构桥 T 构的结构性裂缝评定标准　　表 4-37

等级	定性描述		定量描述	图形标杆
1	正弯矩裂缝	无裂缝	—	—
	负弯矩裂缝	无裂缝	—	—
	斜裂缝	个别短细裂缝	$L_3<1/6H$; $D_3\geqslant 50$; $W_3<0.05$	—
	齿板局部区域裂缝	无裂缝	—	—
	牛腿根部开裂	个别短细裂缝	$L_5<1/6B$; $D_5\geqslant 50$; $W_5<0.05$	—
2	正弯矩裂缝	无裂缝	—	—
	负弯矩裂缝	无裂缝	—	—
	斜裂缝	少量短细裂缝	$1/6H<L_3<1/3H$; $30<D_3<50$ $0.05<W_3<0.15$	—
	齿板局部区域裂缝	个别短细裂缝	$L_4<1/3B$; $D_4<50$; $W_4<0.05$	—
	牛腿根部开裂	少量短细裂缝	$0.05<W_5<0.15$; $1/6B<L_5<1/3B$; $30<D_5<50$	—
3	正弯矩裂缝	个别短细裂缝	$20<D_1<30$; $W_1<0.05$	—
	负弯矩裂缝	个别短细裂缝	$20<D_2<30$; $W_2<0.05$	—
	斜裂缝	出现较多或较长的裂缝,缝宽小于限值	$1/3H<L_3<2/3H$; $20<D_3<30$; $0.15<W_3<0.2$	—
	齿板局部区域裂缝	出现少量裂缝,缝宽小于限值	$1/3B<L_4<2/3B$ $30<D_4<50$; $0.15<W_4<0.2$	—
	牛腿根部开裂	出现较多或较长的裂缝,缝宽小于限值	$1/3B<L_5<2/3B$; $20<D_5<30$; $0.15<W_5<0.2$	—

续上表

等级	定性描述		定量描述	图形标杆
4	正弯矩裂缝	腹板竖向裂缝与底板横向裂缝连通成U形，缝宽超过限值	$10 < D_1 < 20$； $0.05 < W_1 < 0.15$	—
	负弯矩裂缝	腹板竖向裂缝与顶板横向裂缝连通成U形，缝宽超过限值	$10 < D_2 < 20$； $0.05 < W_2 < 0.15$	—
	斜裂缝	腹板斜裂缝已在高度方向上贯穿腹板，缝宽超过限值	$2/3H < L_3 < H$； $10 < D_3 < 20$； $0.2 < W_3 < 0.4$	—
	齿板局部区域裂缝	出现较多、较宽或较长的裂缝，缝宽超过限值，个别裂缝由底板延伸至腹板	$2/3B < L_4 < B$ $10 < D_5 < 30$； $0.2 < W_4 < 0.4$	—
	牛腿根部开裂	出现较多、较宽或较长的裂缝，缝宽超过限值，使挂梁与T构之间的联系部分失效	$2/3B < L_5 < B$； $10 < D_5 < 20$； $0.2 < W_5 < 0.4$	—
5	正弯矩裂缝	腹板竖向裂缝与底板横向裂缝连通成U形，缝宽超过限值	$D_1 < 10$； $W_1 > 0.15$	—
	负弯矩裂缝	腹板竖向裂缝与底板横向裂缝连通成U形，缝宽超过限值	$D_2 < 10$； $W_2 > 0.15$	—
	斜裂缝	多处严重开裂，裂缝宽而密，缝宽大于限值，裂缝大多贯通	$L_3 > H$； $D_3 < 10$； $W_3 > 0.4$	—
	齿板局部区域裂缝	多处严重开裂，裂缝宽而密，缝宽大于限值，裂缝大多贯通，并由底板延伸至腹板	$L_4 > B$； $D_4 < 10$； $W_4 > 0.4$	—
	牛腿根部开裂	出现较多、较宽或较长的裂缝，缝宽超过限值，使挂梁与T构之间的联系失效	$L_5 > B$； $D_5 < 10$； $W_5 > 0.4$	—

表中，D_1-正弯矩裂缝间距；W_1-正弯矩裂缝宽度；D_2-负弯矩裂缝间距；W_2-负弯矩裂缝宽度；L_3-腹板斜裂缝的高度或厚度；D_3-斜裂缝间距；W_3-斜裂缝宽度；L_4-齿板局部区域裂缝的长度；D_4-齿板局部区域裂缝的间距；W_4-齿板局部区域裂缝的宽度；L_5-牛腿根部裂缝的长度；D_5-牛腿根部裂缝的间距；W_5-牛腿根部裂缝的宽度；B-箱梁底板宽度；H-箱梁腹板高度；max-表示最大；mix-表示最小；除裂缝宽度以mm计外，其余单位均以cm计

注：当结构处于Ⅰ类环境时，裂缝宽度的限值按表中规定取用；当结构处于Ⅱ、Ⅲ、Ⅳ类环境时，裂缝宽度的限值减去0.05mm后取用。

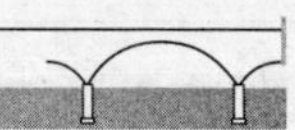

最大悬臂端挠度或其他变形评定标准 表 4-38

等级	定性描述	定量描述	图形标杆
1	完好	—	—
2	较好,梁体无明显挠曲变形	—	—
3	挠度小于限值;或个别构件出现弯曲变形,行车稍感振动或摇晃	$\omega_1 < 1/1\,000L_1$; $\omega_2 < 1/500L_2$;$\omega_{1,2} < \omega_0$	—
4	挠度接近限值;或个别构件出现异常弯曲变形,行车振动或摇晃或有异常音	$1/1\,000L_1 < \omega_1 < 1/600L_1$ $1/500L_2 < \omega_2 < 1/300L_2$ $\omega_0 < \omega_{1,2} < 2\omega_0$	图 4-111
5	挠度大于限值或较多主要构件出现异常变形,显著影响承载力,影响行车安全,或结构振动或摇晃显著,有不正常移动	$\omega_1 > 1/600L_1$; $\omega_2 > 1/300L_2$;$\omega_{1,2} > 2\omega_0$	—

表中,ω_1-跨中最大挠度,m;L_1-计算跨径,m;ω_2-悬臂端最大挠度,m;ω_0-按规范 JTG D62—2004 计算的挠度验算值;L_2-悬臂长度,m

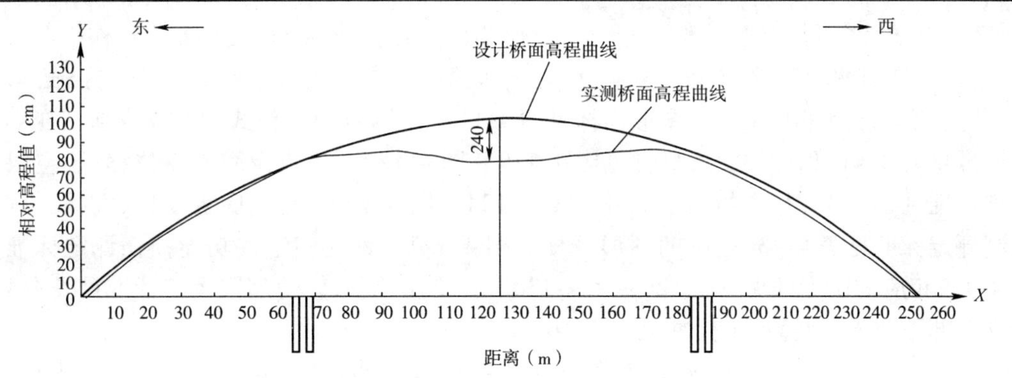

图 4-111 某 T 形刚构桥纵向中轴线桥面高程实测值与设计值比较($X:Y=1:50$)

挂梁与 T 构相接桥面连续处开裂的评定标准 表 4-39

等级	定性描述	定量描述	图形标杆
1	基本完好	$w_{(\max)} < 0.05$;$h_{(\max)} < 0.05$; $b_{(\max)} < 1/6B$	—
2	出现小范围短细裂缝	$0.05 < w_{(\max)} < 0.3$; $0.05 < h_{(\max)} < 0.3$; $1/6B < b_{(\max)} < 1/3B$	—
3	连接处出现明显裂缝,裂缝宽度、深度尚在限值内	$0.3 < w_{(\max)} < 0.5$; $0.3 < h_{(\max)} < 0.5$; $1/3B < b_{(\max)} < B$	—
4	连接处开裂较严重,横向裂缝贯通,裂缝宽度、深度超限,丧失部分连接功能	$0.5 < w_{(\max)} < 1.0$; $0.5 < h_{(\max)} < 1.0$; $b_{(\max)} > B$	图 4-112

续上表

等级	定性描述	定量描述	图形标杆
5	连接处开裂严重,横向裂缝贯通,丧失连接功能	$w_{(max)}>1.0$;$h_{(max)}>1.0$; $b_{(max)}>B$	—

表中,b-挂梁与T构相接桥面连续处开裂的长度,m;w-裂缝宽度,mm;h-裂缝深度,cm;B-桥面连接处的宽度,m;max-表示最大;min-表示最小

图4-112　T构挂梁在桥面连续处开裂

4.3.6　支座

板式橡胶支座典型的损伤包括支座老化、开裂,开裂导致的支座不均匀鼓凸与脱胶,剪切位移大于限制,位置移动、脱空,支座底板变形,混凝土压裂。部分损伤示意图见图4-113、图4-114。

钢支座典型的损伤包括组件缺陷,位移、转角大于限制,钢部件磨损、裂损,活动支座功能损伤,支座锚(螺)栓松动、剪断,支座垫石损伤。

板式橡胶支座老化、开裂、不均匀鼓凸与脱胶评定标准见表4-40,相应的图形标杆见图4-115~图4-118。板式橡胶支座剪切变形评定标准见表4-41,相应的图形标杆见图4-119~图4-122。板式橡胶支座位移、脱空限制评定标准见表4-42,相应的图形标杆见图4-124~图4-126。支座底板变形、混凝土压裂限制评定标准见表4-43,相应的图形标杆见图4-127。钢支座组件功能损伤评定标准见表4-44,相应的图标杆见图4-128~图4-130。钢支座位移、转角超限评定标准见表4-45。钢支座部件磨损、裂缝评定标准见表4-46。

板式橡胶支座老化、开裂、不均匀鼓凸与脱胶评定标准　　表4-40

等级	定性描述	定量描述	图形标杆
1	完好	—	—
2	支座有尘土堆积,略有腐蚀	—	—
3	支座清洁状况不佳,开始出现老化	—	图4-115
4	橡胶老化严重,出现裂缝;支座出现外鼓变形	$0<W<0.25$; $0<L<1/4K$	图4-116 图4-117
5	橡胶老化破裂,多处严重开裂	$W>0.25$;$L>1/4T$ $L>1/4K$	图4-118

表中,W-橡胶支座裂缝的最大宽度;L-橡胶支座裂缝的最大长度;K-橡胶支座裂缝对应方向的边长;L-沿支座一侧外鼓的长度;T-橡胶支座外鼓对应方向的边长;除裂缝宽度以mm计外,其余单位均以cm计

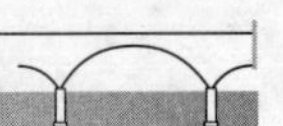

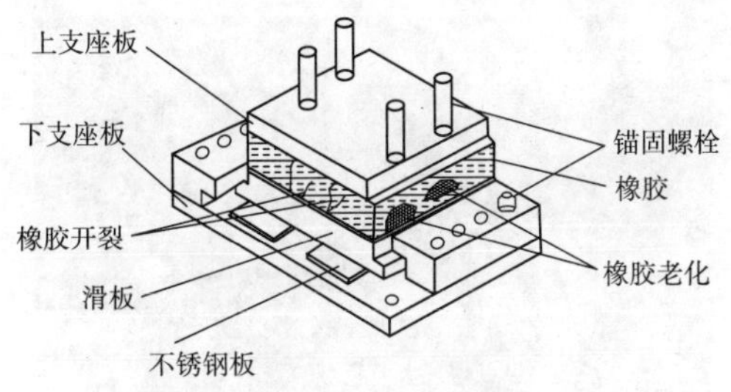

图 4-113 板式橡胶支座老化、开裂示意图

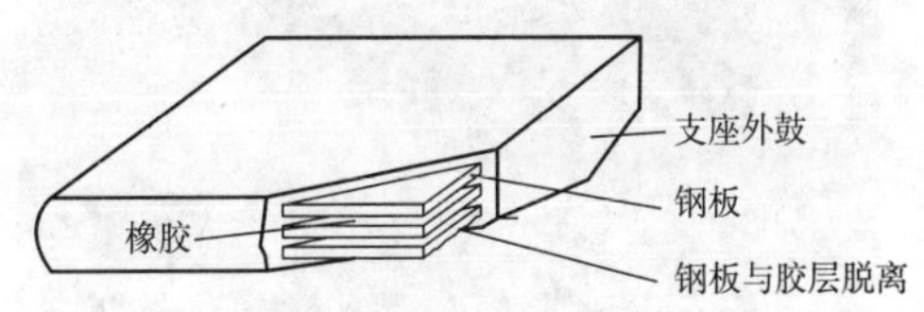

图 4-114 板式橡胶支座凸与脱胶示意图

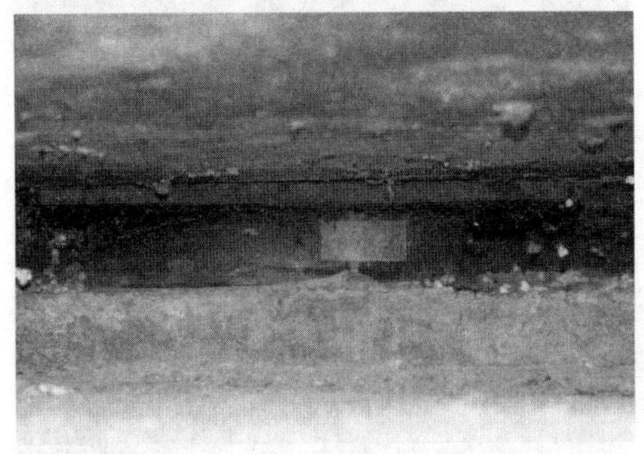

图 4-115 支座轻度老化

图 4-116 支座老化，上缘横向开裂

图 4-117 橡胶支座老化

图 4-118 橡胶层老化开裂

橡胶支座剪切变形评定标准 表 4-41

等级	定性描述	定量描述	图形标杆
1	完好	—	—
2	轻微变形	$\alpha < 5°$	—
3	出现显著变形	$5° < \alpha < 15°$	图 4-119
4	出现较严重变形	$15° < \alpha < 35°$	图 4-120
5	变形危害到其他构件出现严重损伤	$\alpha > 35°$	图 4-121 图 4-122
表中，α-支座的剪切角度，见图 4-123			

图 4-119　支座显著变形

图 5-120　支座较严重变形

图 4-121　支座严重变形

图 4-122　支座发生过大剪切变形

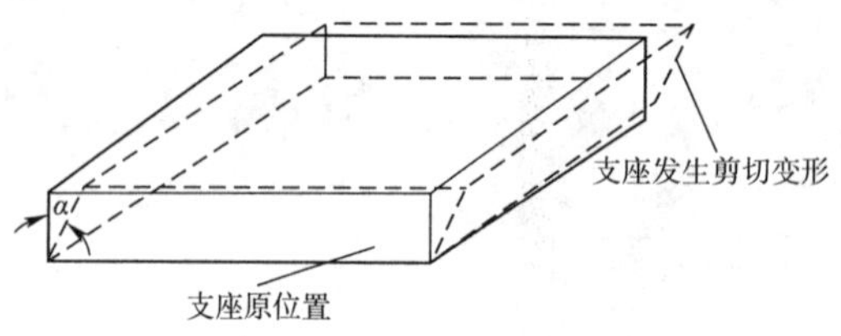

图 4-123　板式橡胶支座剪切变形示意图

支座位移、脱空限制评定标准　　表 4-42

等级	定性描述	定量描述	图形标杆
1	完好	—	—
2	支座位置略有偏移	$L<0.05K$	—
3	支座位置轻微偏移、移动	$0.05K<L<0.15K$	图 4-124
4	移动较严重,支座出现脱空、变形的现象	$0.15K<L<0.25K$	图 4-125
5	移动、脱空严重,危害到其他构件出现严重损伤	$L>0.25K$	图 4-126

表中，L- 支座位置移动的距离；K- 支座移动对应方向的边长

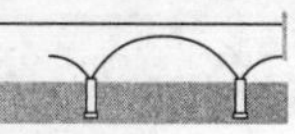

图 4-124 支座轻微偏移

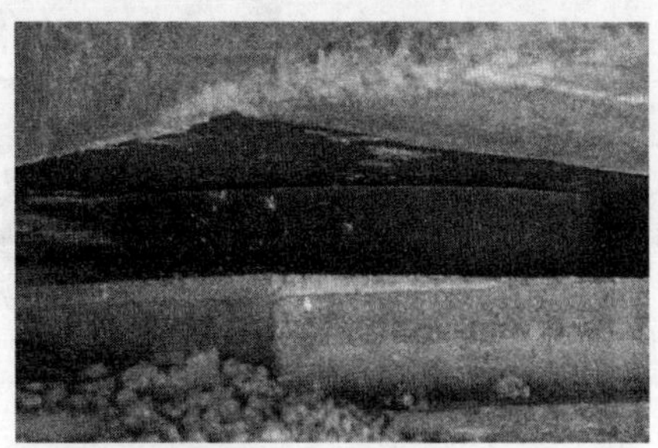

图 4-125 支座局部脱空

图 4-126 支座严重脱空

支座底板变形、混凝土压裂评定标准 表 4-43

等级	定 性 描 述	定 量 描 述	图 形 标 杆
1	完好	—	—
2	局部裂纹、掉角	$\alpha<10\%$	—
3	底板产生变形,混凝土酥裂、露筋、掉角	$10\%<\alpha<20\%$	—
4	底板变形,大部分混凝土压碎、剥落	$\alpha>20\%$	图 4-127
5	—	—	—

表中,α =(支座混凝土破损面积/支座底板的表面积)×100%

图 4-127 支座底板破碎,混凝十脱落

钢支座组件功能损伤评定标准 表 4-44

等级	定 性 描 述	定 量 描 述	图 形 标 杆
1	有轻微锈蚀现象;底板与垫石没有密贴,出现缝隙	$W<1.0$; $30D<50$	—
2	较多部位有锈蚀现象;牙板咬死;个别锚栓出现剪断现象;底板与垫石没有密贴,出现较大缝隙	$1.0<W<2.0$; $50<D<25\%K$	—

续上表

等级	定性描述	定量描述	图形标杆
3	大部分有锈蚀现象，并有剥落，或非主要受力部件出现脱焊；牙板折断或辊轴连杆螺钉剪断；锚栓剪断数量较多，螺杆松动；底板与垫石没有密贴，出现很大的缝隙，出现翻浆、积水	$\alpha<25\%$；$W>2.0$；$D>25\% K$	图4-128 图4-129
4	主要受力部件出现脱焊；支座不活动；大量锚钉或锚栓剪断；垫石出现较严重裂损	$25\%<\alpha<50\%$	图4-130
5	大量锚钉或锚栓剪断；垫石出现严重裂损；支座失去作用	$\alpha>50\%$	—

表中，W-底板与垫石间缝隙宽度，mm；D-底板与垫石间缝隙深度，mm；K-钢支座底板与垫石缝隙对应方向的边长，mm；α =（锚栓、锚钉剪断数量/锚栓、锚钉总数）×100%

图4-128 钢板支座锈蚀

图4-129 支座锈蚀，个别螺栓缺少螺母

图4-130 钢板支座锈蚀、不活动

钢支座位移、转角超限评定标准 表4-45

等级	定性描述	定量描述	
1	完好	无	—
2	小位移	$D<3.0$；$W<1.0$	—
3	位移大于限值	$3.0<D<5.0$；$1<W<2.0$	—
4	移大于限值严重，或倾斜度超标	$D>5.0$；$W>2.0$	—
5	—	—	—

表中，W-钢支座横向位移；D-钢支座纵向位移；K-钢支座倾斜度（单位：mm）

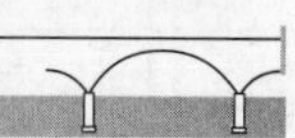

钢支座部件磨损、裂缝评定标准　　表 4-46

等级	定性描述	定量描述	
1	完好	无	—
2	钢部件磨损出现陷凹或出现微裂缝	$W < 1.0; D < 5.0$	—
3	钢部件磨损出现陷凹,或出现较大裂缝	$1.0 < W < 3; 5.0 < D < 10.0$	—
4	钢部件磨损出现陷凹,或出现较大裂缝	$W > 3; D > 10$	—
5	—	—	—

表中,W-磨损陷凹,mm;D-裂缝深度,mm

4.4 下部结构损伤指标评定标准

4.4.1 盖梁

盖梁结构损伤包括结构性裂缝和表观性缺陷。

结构性裂缝主要表现为负弯矩裂缝和正弯矩裂缝:负弯矩裂缝多分布在盖梁两侧的墩柱上部,裂缝一般从盖梁上缘向下延伸;正弯矩裂缝出现在两墩柱之间中部位置,裂缝均由盖梁下缘向上延伸,如图 4-131 所示。

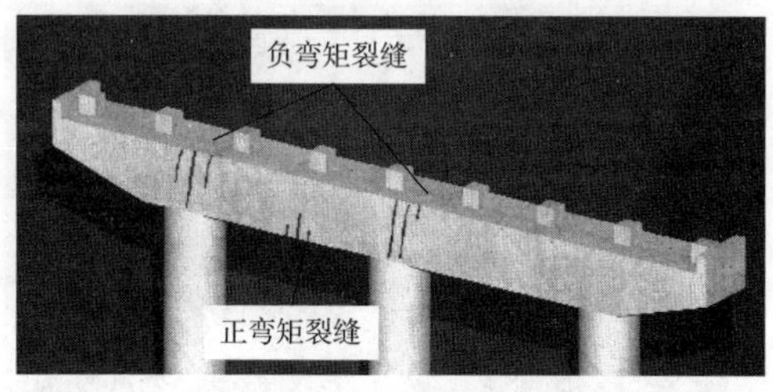

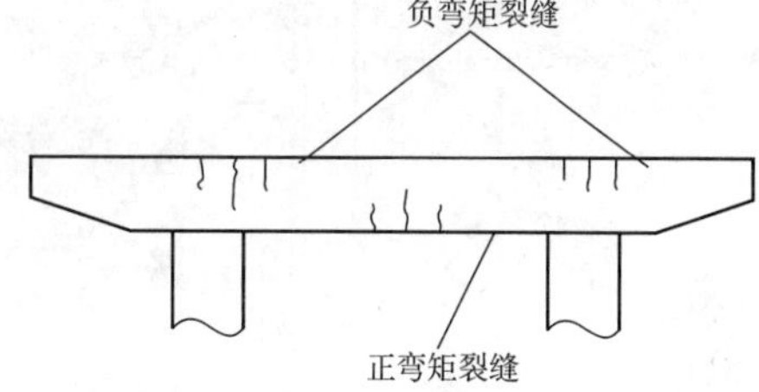

图 4-131　盖梁裂缝分布示意图

梁体表观损伤类型主要包括:网裂及其他非结构性裂缝、层离、剥落及露筋锈蚀,掉棱或缺角,蜂窝麻面、表面侵蚀、表面沉积等。表观评定标准同上部结构,部分图形标杆见图 4-132 ~ 图 4-138。盖梁结构性裂缝评定标准见表 4-47。

图 4-132　盖梁蜂窝、麻面(3 级)

图 4-133　帽梁混凝土脱落、露筋锈蚀(3 级)

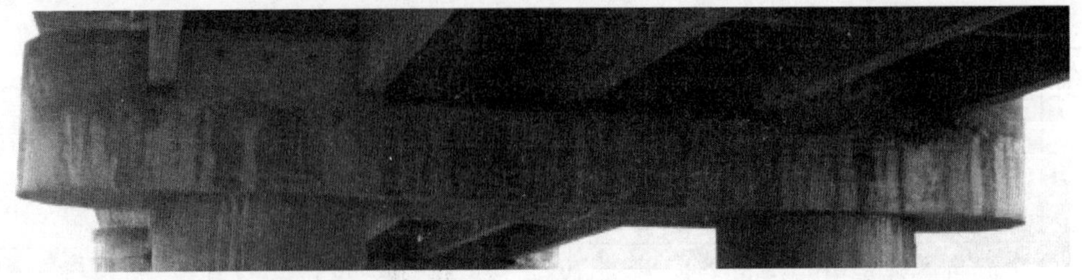

图 4-134　盖梁渗水(4 级)

图 4-135　盖梁漏水、腐蚀严重(5 级)

图 4-136　盖梁大面积破损、碱蚀(5 级)

图 4-137　帽梁后浇块竖向裂缝(3 级)

图 4-138　帽梁端部斜向裂缝并伴有盐析(3 级)

盖梁结构性裂缝评定标准　　表 4-47

等级	定性描述		定量描述	图形标杆
1	竖向	个别短细裂缝	$L_{1(\max)} < 1/6H_0$； $D_{1(\min)} \geqslant 50$； $W_{1(\max)} < 0.05$	—
2	竖向	少量短细裂缝	$1/6B_0 < L_{1(\max)} < 1/3H_0$； $30 < D_{1(\min)} < 50$； $0.05 < W_{1(\max)} < 0.15$	—

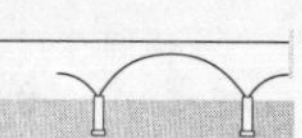

续上表

等级	定性描述		定量描述	图形标杆
3	竖向	缝宽小于限值	$1/3B_0 < L_{1(max)} < H_0$； $20 < D_{1(min)} < 30$； $0.15 < W_{1(max)} < 0.25$	—
4	竖向	多处出现结构性裂缝，重点部位裂缝缝宽大于限值，竖向裂缝与底面横向裂缝联通成U形	$L_{1(max)} > H_0$； $10 < D_{1(min)} < 20$； $0.25 < W_{1(max)} < 0.35$	图4-139 图4-140
5	竖向	多处严重开裂，裂缝宽而密，缝宽大于限值，裂缝大多贯通，竖向裂缝与底面横向裂缝联通成U形	$L_{1(max)} > H_0$； $D_{1(min)} < 10$； $W_{1(max)} > 0.35$	—

表中，L_1-盖梁竖向裂缝长度；D_1-盖梁竖向裂缝间距；W_1-盖梁竖向裂缝宽度；L_0-盖梁长度；H_0-盖梁高度；max-表示最大；mix-表示最小；除裂缝宽度以mm计外，其余单位均以cm计

注：当结构所处Ⅰ环境时，裂缝宽度的限值按表中规定取用；当结构所处Ⅱ、Ⅲ、Ⅳ环境时，裂缝宽度的限值减去0.05mm后取用。

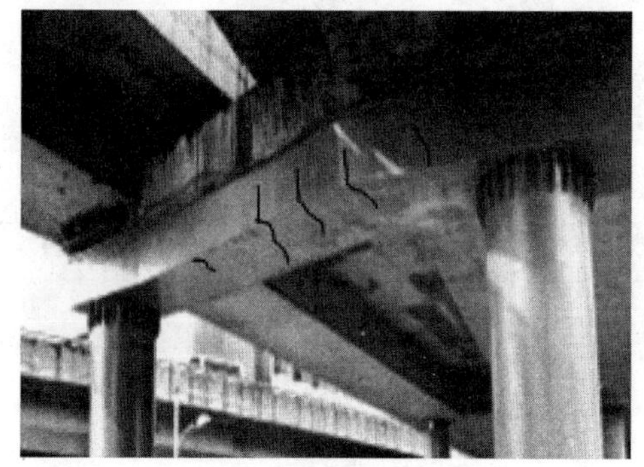

图4-139　盖梁贯通正弯矩裂缝

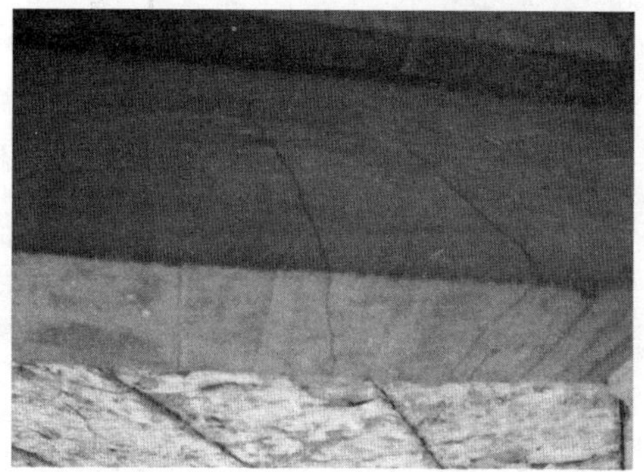

图4-140　盖梁贯通裂缝

4.4.2　桥墩(台)

桥墩(台)典型的损伤包括墩(台)身的结构性裂缝，位移、变形，桥墩的混凝土剥落、露筋，混凝土蜂窝、麻面，风化，渗水、盐析。桥墩常见损伤示意图见图4-141。

桥墩(台)表观缺陷，指桥墩(台)表面出现混凝土剥落、露筋，蜂窝、麻面、风化、渗水、腐蚀及耐久性损伤等现象。

桥墩(台)耐久性损伤，指处于海洋环境中(尤其是潮汐区)的钢筋混凝土结构，由于受到混凝土碳化、氯离子侵蚀、干湿交替作用、冻融循环、硫酸盐侵蚀等物理化学作用，腐蚀严重，结构的耐久性受到严重威胁。

图4-141　桥墩常见损伤示意图

混凝土桥墩(台)身裂缝评定标准见表4-48，相应的图形标杆见图4-142～图4-148。桥墩(台)位移、变形评定标准见表4-49。表观损伤评定标准见表4-50～表4-53，相应的图形标杆见图4-149和图4-150。耐久性损伤评定标准见表4-54，相应的图

形标杆见图 4-151 ~ 图 4-154。

混凝土桥墩(台)身裂缝评定标准 表 4-48

等级	定性描述		定量描述	图形标杆
1	完好		—	—
2	横向	桥身表面出现细小裂纹	$L_{1(\max)} < 1/3Z$；$W < 0.5d$	—
	竖向	墩(台)身表面出现细小裂纹	$L_{2(\max)} < 1/3M$；$W < 0.5d$	—
	网裂	局部网裂；或较多的线状短缝，缝宽较小	$s < 0.5$；$W < 0.5d$	—
3	横向	墩(台)身表面出现多处细小裂缝，裂缝带有一定宽度	$1/3Z < L_{1(\max)} < 1/2Z$； $0.5d < W < d$	图 4-142
	竖向	墩(台)身表面出现多处细小裂缝，裂缝带有一定宽度	$1/3M < L_{2(\max)} < 1/2M$； $0.5d < W < d$	图 4-143
	网裂	多处网裂，或大量的线状短缝，缝宽较大	$0.5 < s < 1$；$0.5d < w < d$	—
4	横向	墩(台)身表面多处开裂，裂缝长而宽	$1/2Z < L_{1(\max)} < 2/3Z$； $d < W < 1$	图 4-144
	竖向	墩身表面多处开裂，裂缝长而宽	$1/2M < L_{2(\max)} < 2/3M$； $d < W < 1$	图 4-145 图 4-146
	网裂	表面普遍网裂，裂缝带有显著的缝宽	$s > 1$；$W > d$	图 4-147
5	横向	墩(台)身水平裂缝相互连接形成环绕整个墩身的水平贯通裂缝	$L_{1(\max)} > 2/3Z$；$W > 1$	图 4-148
	竖向	大量的墩(台)身纵向裂缝相互形成自上而下贯通整个桥墩的裂缝	$L_{2(\max)} > 2/3M$；$W > 1$	—
	网裂	裂缝有开合现象，桥面出现变形	—	—

表中，L_1-墩(台)身横向裂缝长度，cm；L_2-墩(台)身竖向裂缝裂缝长度，cm；W-墩(台)身裂缝宽度，mm；s-网裂的单处最大面积，m^2；Z-墩(台)身的周长，cm；M-墩(台)身的高度，cm；d-墩(台)身裂缝宽度限值[d 的取值参考《公路桥涵养护规范》(JTG H11—2004)表 3.5.2-4]；max-表示最大；mix-表示最小

图 4-142 桥墩横向细裂缝

图 4-143 桥墩竖向细短裂缝

图4-144 桥墩横向开裂，宽度大于限值、小于1mm

图4-145 桥墩竖向开裂，宽度大于限值

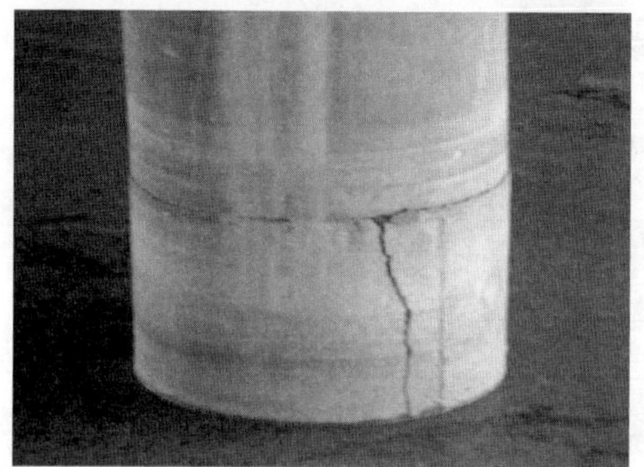

图4-146 桥墩竖向开裂，宽度大于限值

图4-147 桥墩网状裂缝、缝宽大于限值

图4-148 桥墩横向开裂、错位

桥墩(台)位移、变形评定标准

表4-49

等级	定性描述	定量描述	图形标杆
1	完好	—	—
2	—	—	—
3	桥墩(台)出现轻微下沉、倾斜、滑动等现象	—	—
4	桥墩(台)出现下沉、倾斜、滑动、冻拨现象，台背填土有沉降裂缝或挤压隆起现象	—	—
5	桥墩(台)不稳定，下沉、倾斜、滑动、冻拨现象严重，造成上部结构和桥面变形过大，存在安全隐患	—	—

墩(台)混凝土蜂窝、麻面评定标准　　表 4-50

等级	定性描述	定量描述	图形标杆
1	基本上完好无缺	—	—
2	局部轻微蜂窝麻面,表面有青苔、杂草	$\alpha<3\%$;$s<0.5$	—
3	较大面积蜂窝麻面	$3\%<\alpha<10\%$;$0.5<s<1.0$	—
4	大范围蜂窝麻面	$10\%<\alpha<20\%$;$1.0<s<2.0$	—
5	蜂窝麻面严重	$\alpha>20\%$;$s>2.0$	—

表中,s-混凝土蜂窝麻面的单处最大面积,m^2;α=(混凝土蜂窝麻面的总面积/构件表面积)×100%

墩(台)混凝土剥落、露筋评定标准　　表 4-51

等级	定性描述	定量描述	图形标杆
1	完好	—	—
2	局部混凝土剥落;钢筋锈蚀,混凝土表面有沿着钢筋的裂缝或混凝土表面有锈迹	$\alpha<3\%$;$s<0.5$	—
3	较大范围混凝土剥落;钢筋锈蚀,主筋锈蚀或混凝土表面保护层剥落,钢筋裸露	$3\%<\alpha<10\%$; $0.5<s<1.0$	—
4	大范围混凝土剥落;钢筋锈蚀,混凝土表面开裂,甚至少部分主筋锈断	$10\%<\alpha<20\%$; $1.0<s<2.0$	图 4-149
5	混凝土剥落严重;大量主筋锈断	$\alpha>20\%$;$s>2.0$	图 4-150

表中,s-混凝土剥落、露筋的单处最大面积,m^2;α=(混凝土剥落、漏筋的总面积/构件表面积)×100%

图 4-149　桥墩大范围混凝土剥落、部分主筋锈断

图 4-150　桥墩钢筋锈断

墩(台)渗水、盐析评定标准　　表 4-52

等级	定性描述	定量描述	图形标杆
1	完好	—	—
2	个别位置有渗水现象	$\alpha<3\%$;$s<0.5$	—
3	局部有明显渗水现象	$3\%<\alpha<10\%$; $0.5<s<1.0$	—
4	多处有明显渗水现象,渗水处伴有晶体析出或锈蚀现象	$10\%<\alpha<20\%$;$1.0<s<2.0$	—
5	大面积明显渗水,渗水处伴有晶体析出或锈蚀现象,流过处混凝土松散	$\alpha>20\%$;$s>2.0$	—

表中,α=(构件渗水、盐析的面积/构件表面积)×100%

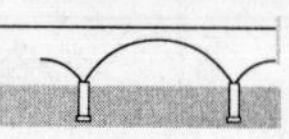

墩(台)非结构性裂缝评定标准 表4-53

等级	定性描述	定量描述	图形标杆
1	无裂缝或少量短细裂缝	$W_{(max)}<0.25$	—
2	出现小范围短细裂缝	$0.25<W_{(max)}<0.3$;$T<3\%A$	—
3	出现较多短细裂缝	$0.3<W_{(max)}<0.35$; $3\%A<T<6\%A$	—
4	出现网状裂缝;或出现沿受力钢筋方向的裂缝	$0.35<W_{(max)}<0.4$; $6\%A<T<10\%A$	—
5	出现较大面积的网状裂缝;或出现沿受力钢筋方向的裂缝,缝口有锈迹	$W_{(max)}>0.4$; $T>10\%A$	—

表中,W-裂缝宽度,mm;A-桥墩(台)的表面积,m^2;T-网裂(龟裂)累计面积,m^2;s-网裂单处最大面积,m^2;max-表示最大;mix-表示最小

注:当结构所处Ⅰ环境时,裂缝宽度的限值按表中规定取用;当结构所处Ⅱ、Ⅲ、Ⅳ环境时,裂缝宽度的限值减去0.05mm后取用。

墩(台)耐久性损伤评定标准 表4-54

等级	定性描述	定量描述	图形标杆
1	完好	$-200<U<0$;$L_v<0.15$; $D_{ne}/D_{nd}>0.95$; $Z>20\,000$	—
2	有锈蚀现象;有少量碳化现象,且所有碳化深度均小于混凝土保护层厚度	$-300<U<-200$;$0.15<L_v<0.4$; $0.7<D_{ne}/D_{nd}<0.95$; $15\,000<Z<20\,000$	—
3	钢筋锈蚀,混凝土表面有沿钢筋走向的裂缝或混凝土表面有锈迹;部分位置出现碳化现象,局部碳化深度大于混凝土保护层厚度,混凝土表面少量胶凝料松散粉化	$-400<U<-300$;$0.4<L_v<0.7$; $0.55<D_{ne}/D_{nd}<0.7$; $10\,000<Z<15\,000$	图4-151
4	钢筋锈蚀引起混凝土剥落,钢筋裸露,表面膨胀性锈层显著;大部分位置碳化,碳化深度大于混凝土保护层厚度,混凝土表面胶凝料大量松散粉化	$-500<U<-400$;$0.7<L_v<1.0$; $D_{ne}/D_{nd}<0.55$; $5\,000<Z<10\,000$	图4-152 图4-153 图4-154
5	大量钢筋锈蚀引起混凝土剥落,部分钢筋屈服或锈断,混凝土表面严重开裂,影响结构安全	$U<-500$;$L_v>1.0$; $Z<5\,000$	—

表中,L_v-氯离子含量(占水泥含量百分比);U-电位,mv;D_{ne}-保护层厚度实测值,cm;D_{nd}-保护层厚度设计值,cm

注:当结构所处Ⅰ环境时,裂缝宽度的限值按表中规定取用;当结构所处Ⅱ、Ⅲ、Ⅳ环境时,裂缝宽度的限值减去0.05mm后取用。

图 4-151　桥墩受腐蚀、有锈迹

图 4-152　钢筋锈蚀导致混凝土剥落

图 4-153　混凝土受腐蚀、出现粉化现象

图 4-154　桥墩干湿交替处混凝土被严重侵蚀、粉化

4.4.3　基础

桥梁墩台基础典型的损伤包括基础冲刷，不均匀沉降、变形，开裂。

基础冲刷评定标准见表 4-55，相应的图形标杆见图 4-155 和图 4-156。基础不均匀沉降、变形评定标准见表 4-56，相应的图形标杆见图 4-157 和图 4-158。明挖基础裂缝评定标准见表 4-57。桩基础裂缝评定标准见表 4-58。

基础冲刷评定标准　　表 4-55

等级	定性描述	定量描述	图形标杆
1	完好	—	—
2	基础个别处有轻微的冲刷现象	$\alpha < 3\%$	—
3	基础局部有冲刷现象，桩基顶端被磨损	$3\% < \alpha < 10\%$	—
4	基底有冲空现象，桩基顶端有侵蚀、漏筋、缩颈，或环状冻裂，木桩腐蚀、蛀蚀严重	$10\% < \alpha < 20\%$	图 4-155 图 4-156
5	基底冲空现象严重，地面承载力降低，桥台岸坡移动	$\alpha > 20\%$	—
表中，α =（基底冲空面积/基底面积）×100%			

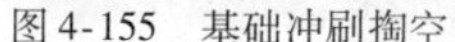

图4-155　基础冲刷掏空

图4-156　桩基局部受冲刷、出现缩颈现象

基础不均匀沉降、变形评定标准　　表4-56

等级	定性描述	定量描述	图形标杆
1	完好	—	—
2	—	—	—
3	基础出现轻微不均匀下沉,发展缓慢或下沉趋于稳定	—	—
4	基础出现不均匀下沉,沉降量小于或等于规范值	—	图4-157
5	基础不稳定,下沉现象严重,沉降量大于规范值,造成桥面线形发生变化	—	图4-158

注:混凝土梁式桥一旦发生基础沉降或位移,需要进行计算分析并采取相应措施。

图4-157　基础下沉,沉降量小于限值

图4-158　基础下沉引起桥面线形发生变化

明挖混凝土基础裂缝评定标准　　表4-57

等级	定性描述	定量描述	图形标杆
1	完好	—	—
2	结构应力异常，出现短细剪切裂缝	$L_{(max)}<1/3Y$; $W_{(max)}<0.1$	—
3	结构应力异常，出现剪切裂缝，裂缝带有一定长度	$1/3Y<L_{(max)}<1/2Y$; $0.1<W_{(max)}<0.2$	—
4	结构应力异常，出现剪切裂缝混凝土出现破碎	$L_{(max))}>1/2Y$; $0.2<W_{(max)}<1$	—
5	结构应力异常，出现剪切裂缝，且裂缝大多贯穿	$W_{(max)}>1$	—

表中，L-基础裂缝长度；W-基础裂缝宽度；Y-基础的宽度；除裂缝宽度以mm计外，其余单位均以cm计

桩基础裂缝评定标准　　表4-58

等级	定性描述	定量描述	图形标杆
1	完好	—	—
2	基本无异常现象	—	—
3	出现剪切裂缝，裂缝带有一定长度	$L_{(max)}<1/3Y$; $W_{(max)}<0.1$	—
4	混凝土出现破碎；出现剪切裂缝	$L_{(max))}>1/3Y$; $0.2<W_{(max)}<1$	—
5	出现剪切裂缝，裂缝大多贯穿；桩基出现结构性断裂，裂缝有开合现象	$W_{(max))}>1$	—

表中，L-混凝土基础裂缝长度；W-基础裂缝宽度；Y-基础的宽度；除裂缝宽度以mm计外，其余单位均以cm计

4.4.4 耳(背、翼)墙

耳(背、翼)墙典型的损伤包括开裂、变形。

耳(背、翼)墙开裂评定标准见表4-59，相应图形标杆见图4-159和图4-160。耳(背、翼)墙变形评定标准见表4-60。

耳(背、翼)墙开裂评定标准　　表4-59

等级	定性描述	定量描述	图形标杆
1	完好	—	—
2	耳(背、翼)墙个别处出现短细裂缝	—	—
3	耳(背、翼)墙出现个别贯通缝翼；耳(背、翼)墙断裂与桥台前墙脱开	$1<m<5$	图4-159
4	耳(背、翼)墙出现大量贯通缝翼；翼墙与拱座结合处完全脱开，耳(背、翼)墙断裂	$m>5$	图4-160
5	—	—	—

表中，m-耳(背、翼)墙贯通裂缝的数量，条

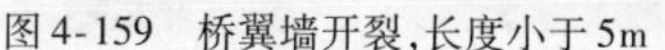

图4-159 桥翼墙开裂,长度小于5m

图4-160 翼墙贯通开裂

耳(背、翼)墙变形评定标准 表4-60

等级	定性描述	定量描述	图形标杆
1	完好	—	—
2	耳(背、翼)墙轻微变形	—	—
3	耳(背、翼)墙明显外倾、下沉,局部松动外鼓;耳背、翼墙失去部分挡土功能	—	—
4	耳(背、翼)墙下沉,外倾失稳,砌体变形,部分倒塌;耳背、翼墙完全失去挡土功能	—	—
5	—	—	—

4.4.5 锥(护)坡

锥(护)坡典型的损伤包括锥(护)坡下沉,铺砌面结构性开裂。

锥(护)坡铺砌面开裂评定标准见表4-61,相应的图形标杆见图4-161～图4-164。锥(护)坡下沉评定标准见表4-62,相应的图形标杆见图4-165～图4-167。

锥(护)坡铺砌面开裂评定标准 表4-61

等级	定性描述	定量描述	图形标杆
1	铺砌面局部开裂,砌缝砂浆脱落	$\alpha<3\%$	图4-161
2	铺砌面较大面积开裂,砌缝砂浆脱落	$3\%<\alpha<10\%$	图4-162
3	铺砌面大面积开裂,砌缝砂浆脱落	$10\%<\alpha<20\%$	图4-163
4	铺砌面出现空洞、下沉,丧失锥(护)坡的功能	$\alpha>20\%$	图4-164
5	—	—	—

表中,α=[锥(护)坡开裂面积/锥(护)坡表面积]×100%

图4-161 护坡竖向开裂

图4-162 护坡较大开裂

图 4-163 10% ~20% 护坡勾缝脱落

图 4-164 铺砌面下沉

锥(护)坡下沉评定标准 表 4-62

等级	定性描述	定量描述	图形标杆
1	完好	—	—
2	锥(护)坡局部塌陷,铺砌材料损伤,垃圾堆积,草木丛生	$\alpha<10\%$	图 4-165
3	锥(护)坡出现大面积塌陷,铺砌材料损伤,形成冲沟或积水坑,坡脚有局部冲蚀	$10\%<\alpha<20\%$	图 4-166
4	锥(护)坡体和坡脚冲蚀严重,有滑坡、坍塌,坡顶下降较大,护坡作用明显减小	$\alpha>20\%$	图 4-167
5	—	—	—

表中,α = [锥(护)坡塌陷面积/锥(护)坡表面积] × 100%

图 4-165 锥坡杂草丛生

图 4-166 锥坡填土缺失

图 4-167 锥坡大面积缺失

5 混凝土梁式桥损伤评定工程应用实例

5.1 装配式空心板桥

5.1.1 工程概况

某装配式空心板桥，桥梁跨径组合为 7 ×16m，上部结构为钢筋混凝土空心板梁桥，横向由 12 块空心板组成，该桥全宽 7m。桥梁设计荷载等级为汽—超 20 级，挂—120 级。

5.1.2 主要检查结果

(1)空心板

钢筋混凝土空心板底部存在较多横向裂缝，裂缝宽 0.2mm 左右，裂缝间距 30cm 左右，并且大部分裂缝已经贯通，如图 5-1、图 5-2 所示，部分裂缝宽度较大，个别裂缝宽度达 0.5mm。

图 5-1 第 7 跨 1 号板底部横向裂缝

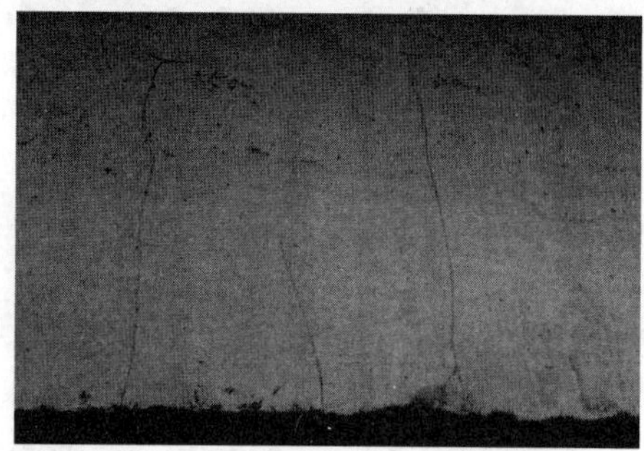

图 5-2 第 3 跨 1 号板横向贯通裂缝

部分空心板底部盐析、渗水，如图 5-3、图 5-4 所示。

图 5-3 板底大面积盐析、渗水、锈胀

图 5-4 第 2 跨 1 号板钢筋锈蚀、渗水

部分空心板纵向开裂、渗水，如图 5-5 所示。

部分空心板之间的铰缝渗水严重，如图 5-6 所示。

图 5-5　第 4 跨 9 号板纵向开裂、渗水

图 5-6　第 7 跨 11 号、12 号板间铰缝渗水

部分空心板底面存在混凝土孔洞、蜂窝、麻面，钢筋外露锈蚀，如图 5-7 所示。

部分钢筋混凝土空心板间存在错台现象，如图 5-8 所示。

图 5-7　第 6 跨 1 号板少浆、麻面

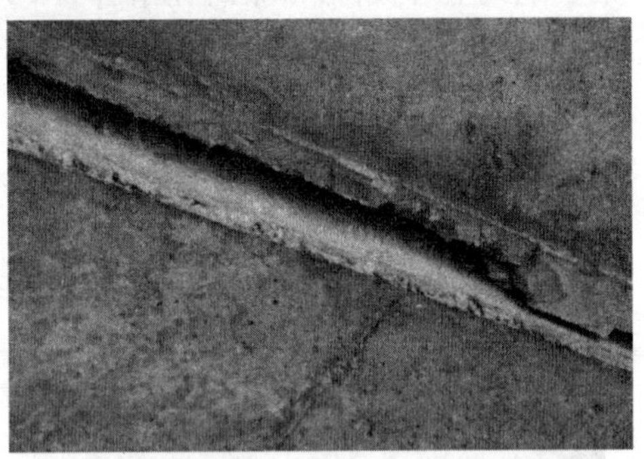

图 5-8　第 5 跨 1 号、2 号板错台、混凝土脱落

(2)桥梁墩台

桥墩存在环向裂缝，竖向裂缝，详见图 5-9 ~ 图 5-10。

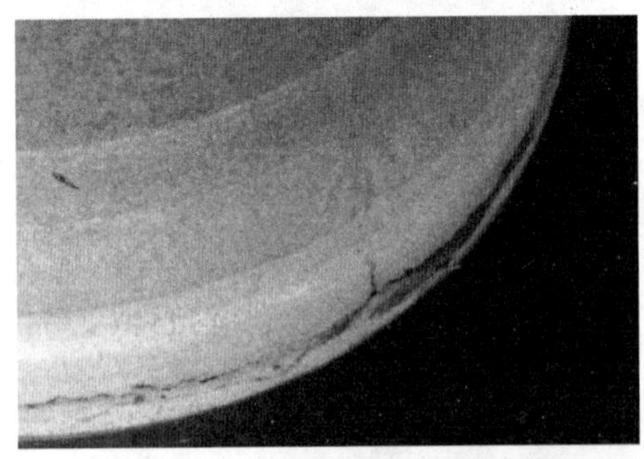

图 5-9　2 号墩 1 号立柱环向裂缝

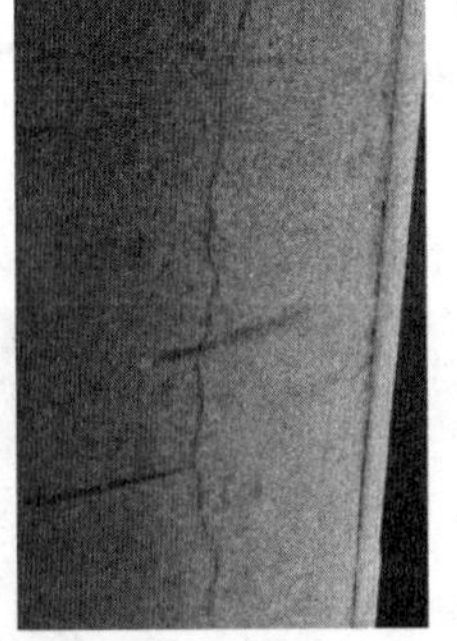

图 5-10　墩柱竖向裂缝(长 2m，宽 0.3mm)

(3)墩台盖梁

墩台盖梁有混凝土剥落、露筋、开裂、钢筋锈胀、渗水现象，详见图 5-11 ~ 图 5-13。

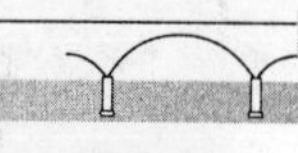

图 5-11 1 号墩盖梁挡块开裂

图 5-12 2 号墩盖梁挡块开裂

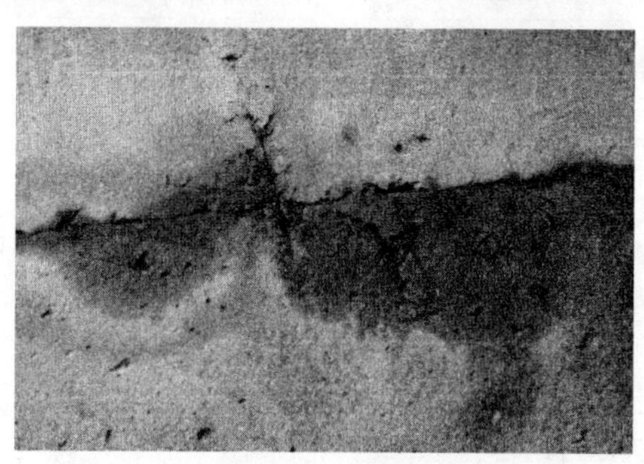

图 5-13 北端桥台盖梁开裂、锈胀、渗水

(4)支座

多个支座脱空,部分支座有过大的剪切变形,详见图 5-14、图 5-15。

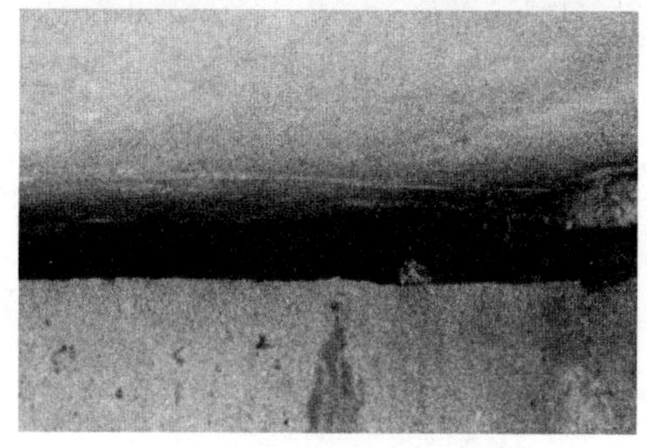

图 5-14 第 1 跨 1 号支座脱空

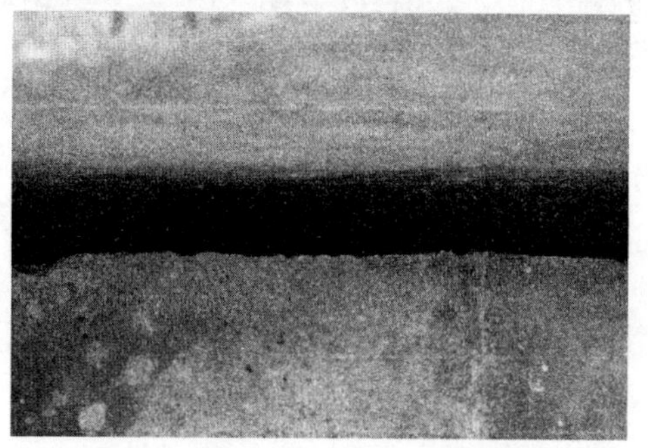

图 5-15 第 1 跨 2 号支座剪切变形

(5)桥面系

桥面系整体技术状况较好,有少量损伤,且损伤较轻(表 5-1)。

结构损伤明细表 表 5-1

桥跨	位置及程度
第 1 跨	1 号、6 号空心板泌水,空心板普遍存在横向贯通裂缝,缝宽 0.2mm,间距 20 ~ 30cm;1 号墩盖梁东端,1 号支座脱空
第 2 跨	1 号墩盖梁东端 2 ~ 7 号支座受剪过大;空心板普遍存在横向贯通裂缝,缝宽约 0.2mm,间距约 30cm;1 号空心板东端锈蚀接近断裂、混凝土剥落;1 号墩盖梁东端挡块开裂;2 号墩上两个支座脱空、盖梁东端开裂

续上表

桥跨	位置及程度
第3跨	空心板普遍存在横向贯通裂缝,缝宽约0.2mm,间距约30cm,空心板间的铰缝有少量渗水;1号空心板有混凝土锈胀,东侧普遍存在竖向裂缝,间距20~30cm;3号墩盖梁上存在竖向裂缝,长约1m,宽0.1mm,并有1个支座脱空;3-2号墩柱上存在竖向裂缝,长约2m,宽0.1mm,2-1号墩柱环向裂缝、竖向裂缝缝宽约0.1mm
第4跨	空心板普遍存在横向贯通裂缝,缝宽0.2~0.3mm,间距约30cm,其中9号空心板上横向贯通裂缝最宽达0.3mm,并有纵向开裂,缝宽0.15mm;4-2号墩柱盖梁竖向裂缝,宽度大于0.3mm;4-1号墩柱盖梁竖向裂缝,宽度大于0.3mm,4号墩盖梁跨中底端竖向裂缝,宽0.2mm;4号墩盖梁东端混凝土脱落;3-1号墩柱上有一条竖向裂缝,长1.5m,宽0.2mm
第5跨	空心板普遍存在横向贯通裂缝,缝宽约0.2mm,间距约30cm;1号、2号空心板铰缝渗水;7号、10号空心板大面积渗水,1号空心板东端腹板受水侵蚀
第6跨	空心板普遍存在横向贯通裂缝,缝宽约0.2mm,间距约30cm;1号空心板北端渗水、混凝土脱落,并有锈胀迹象
第7跨	空心板普遍存在横向贯通裂缝,缝宽约0.2mm,间距约30cm,其中4号空心板横向裂缝最大缝宽约0.5mm;部分空心板大面积渗水,1号、2号空心板间铰缝混凝土脱落,4号、5号空心板间铰缝混凝土脱落;桥台中部浆砌片石开裂、脱落

5.1.3 结构损伤状况评定

桥梁的损伤状况评定过程如下:依据本书结构(部件、构件)损伤评定体系和指标,首先确定出桥梁各构件损伤的等级评定结果及评分,然后根据各部件、构件的权重,按分项打分加权评定法,对桥面系、上部结构、下部结构分别进行评估,最后综合得出整座桥的损伤状况评定等级。

根据定期检查结果,该桥损伤状况综合分值为77.25分,属于三类桥。其中,上部结构损伤状况的分值为64.68分,属于四类部件,需要对上部结构进行大修。全桥损伤技术状况评定如表5-2所示。

全桥损伤状况评定总表 表5-2

桥 梁	权重值	评 分	评定等级
桥面系	0.20	91.09	1
上部结构	0.40	64.68	4
下部结构	0.40	82.91	2
桥梁损伤评分(BCI)	77.25	桥梁损伤状况技术等级	3

桥梁三大部件的损伤状况评分汇总如表5-3~表5-5所示。

桥面系损伤状况评分总表 表5-3

桥 面 系	权重值	扣分值	权重值×扣分值
桥面铺装	0.38	10.0	3.8
伸缩装置	0.26	6.0	1.56
排水系统	0.20	11.35	2.27
人行道及附属设施	0.16	8.0	1.28
桥面系损伤总扣分值(MDP)			8.91

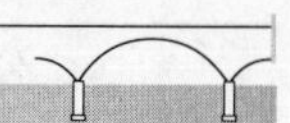

上部结构损伤技术状况评估 表5-4

上部结构	权重值	扣分值	权重值×扣分值
板体	0.62	34.0	21.08
铰缝	0.26	34.0	8.84
支座	0.12	45.04	5.40
上部结构损伤总扣分值(MDP)			35.32

下部结构损伤技术状况评估 表5-5

下部结构	权重值	扣分值	权重值×扣分值
盖梁	0.21	23.5	4.94
桥墩(台)	0.24	25.04	6.01
基础	0.29	14.0	4.06
耳背、翼墙	0.15	8.0	1.2
锥(护)坡	0.11	8.0	0.88
下部结构损伤总扣分值(MDP)			17.09

桥梁各构件及其典型损伤状况评定如表5-6～表5-17所示。

桥面铺装损伤状况评估及扣分表 表5-6

桥面铺装	权重值	评定等级
纵横裂缝	0.42	1
网裂、龟裂	0.27	1
波浪、车辙、坑槽、坑洞、拥包、成片剥落	0.31	1
桥面铺装损伤总扣分值	10.0	

伸缩装置损伤状况评估及扣分表 表5-7

伸缩装置	权重值	评定等级
螺母松动及钢材变形	0.44	1
缝内有沉积物	0.20	2
接缝处铺装破损	0.36	1
伸缩装置损伤总扣分值	6.0	

排水系统损伤状况评估及扣分表 表5-8

排水系统	权重值	评定等级
防水层渗水	0.40	1
泄水管阻塞	0.29	2
泄水管、引水槽、排水孔残缺	0.15	1
桥头排水沟损坏	0.16	1
排水系统损伤总扣分值	11.35	

人行道损伤状况评估及扣分表　　表5-9

人　行　道	权　重　值	评 定 等 级
人行道块件破损	0.27	1
栏杆、护栏破损	0.43	1
照明设施破损	0.17	1
标志、标线不清晰或残缺	0.13	1
人行道损伤总扣分值	8.0	

板体损伤状况评估及扣分表　　表5-10

板　　体	权　重　值	评 定 等 级
结构性裂缝	0.73	3
板体跨中下挠或其他变形	—	—
表观缺陷	0.27	3
板体损伤总扣分值	34.0	

铰缝损伤状况评估及扣分表　　表5-11

铰　　缝	权　重　值	评 定 等 级
铰缝缺陷	1.0	3
铰缝缺陷总扣分值	34.0	

支座损伤状况评估及扣分表　　表5-12

支　　座	权　重　值	评 定 等 级
老化、开裂、不均匀鼓凸与脱胶	0.36	4
变形、脱空、位置串动	0.33	4
支座垫板变形、压裂	0.31	3
支座损伤总扣分值	45.04	

盖梁损伤状况评估及扣分表　　表5-13

盖　　梁	权　重　值	评 定 等 级
结构性裂缝	0.75	3
表观缺陷	0.25	4
盖梁损伤总扣分值	23.5	

桥墩(台)损伤状况评估及扣分表　　表5-14

桥墩(台)	权　重　值	评 定 等 级
墩(台)身结构性裂缝	0.36	3
位移、变形	0.46	2
表观缺陷	0.18	2
桥墩(台)损伤总扣分值	25.04	

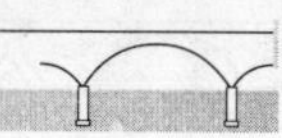

基础损伤状况评估及扣分表 表5-15

基　础	权重值	评定等级
冲刷、掏空	0.40	2
不均匀沉降、变形、开裂	0.60	1
基础损伤总扣分值	14.0	

耳、背、翼墙损伤状况评估及扣分表 表5-16

耳背翼墙	权重值	评定等级
结构性开裂、变形	1.0	1
耳背翼墙损伤总扣分值	8.0	

锥(护)坡损伤状况评估及扣分表 表5-17

锥(护)坡	权重值	评定等级
铺砌面结构性开裂、下沉	1.0	
锥(护)坡损伤总扣分值	8.0	

5.2 整体现浇板桥

5.2.1 工程概况

桥梁跨径布置为20×12.5m,全长262.0m。上部结构形式为整体现浇板,板宽15m。下部结构为双柱式桥墩,扩大基础。桥梁主要设计参数为:桥梁设计荷载:汽车—超20,挂车—120,无人群荷载;桥面净宽:净14.75m+2×0.5m(护栏);桥面横坡:2%~4%(单向坡);桥梁设计行车速度:120km/h;地震基本烈度:六度。

该桥主要损伤情况如下:

①桥跨现浇板底跨中附近区域出现大量横桥向裂缝,裂缝分布比较密集,裂缝数量大,全桥共查横向裂缝3 942条,但裂缝大部分为细小裂缝,裂缝宽度多在0.15mm以下,裂缝长度大部分在40~60cm的范围内。

②桥跨现浇板底出现较多纵桥向裂缝,部分裂缝宽度超过0.15mm,并且裂缝有渗水、白析现象(图5-16),大部分裂缝较长,最长裂缝长度达10m,基本贯通全跨。全桥共查纵向裂缝133条,其中宽度在0.15~0.25mm的裂缝30条。

③桥跨现浇板距离盖梁边缘0~1m的范围内板底多处出现斜向裂缝,裂缝延伸方向与纵桥向线呈30°~50°角。裂缝长度大部分介于0.3~0.6m范围内,部分出现渗水白析现象(图5-17),全桥共查此类裂缝85条,其中宽度在0.2mm左右的裂缝4条。

④桥跨现浇板底出现多处纵向裂缝与横向裂缝相交形成的网状裂缝。部分裂缝有渗水、白析现象(图5-18),全桥共查网状裂缝109处。

⑤桥跨现浇板底多处出现以一点为中心析出白色晶体,表面形成钟乳状悬挂物

(图5-19),全桥检查共发现此类现象25处。

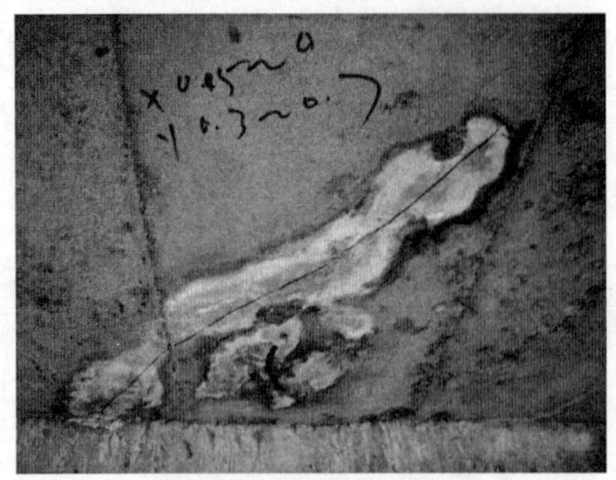

图5-16　板底纵向裂缝有白色晶体析出

图5-17　板端斜向裂缝并有渗水、白析

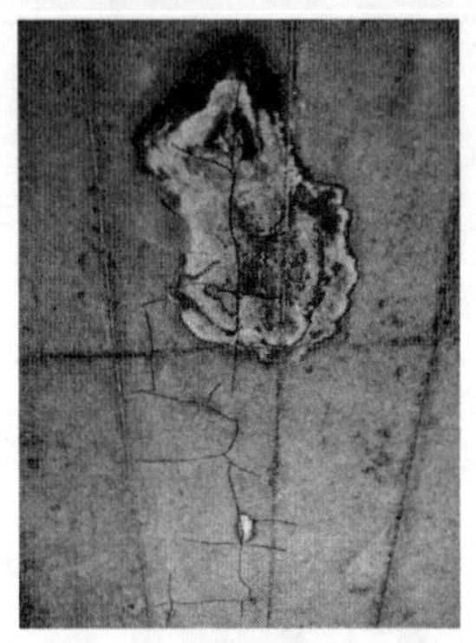

图5-18　板底网状裂缝并有渗水白析

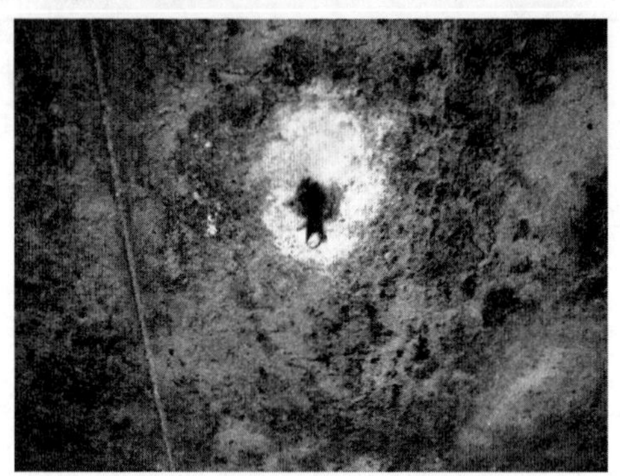

图5-19　板底点状钟乳状悬挂物

桥跨现浇板外侧面普遍存在钢筋锈蚀,混凝土剥离现象见图5-20。

⑥桥跨现浇板板底出现局部空洞现象,见图5-21。

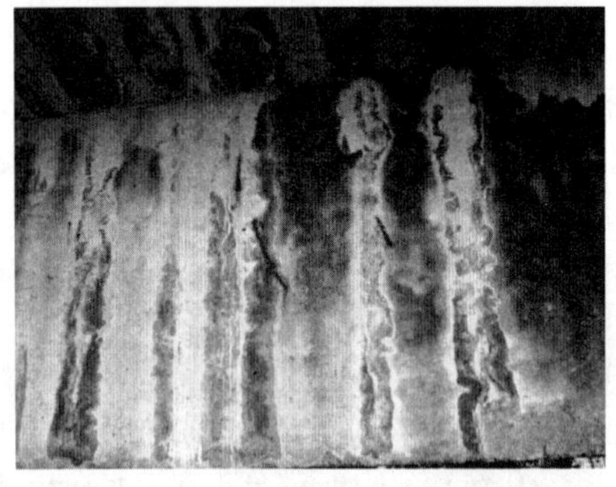

图5-20　桥跨现浇板外边缘钢筋锈胀

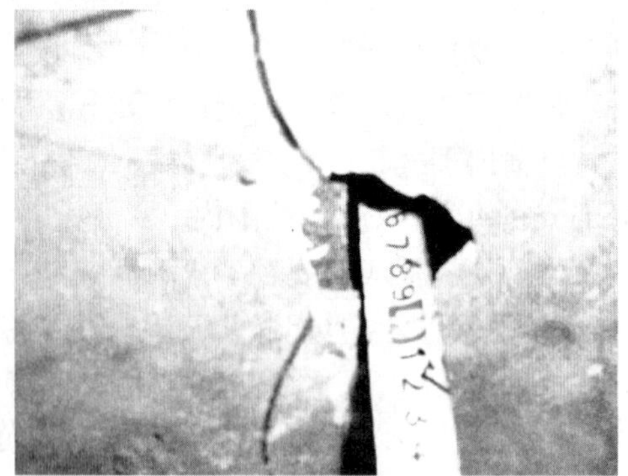

图5-21　桥跨现浇板板底混凝土空洞

⑦第11跨东端伸缩缝出现漏水,墩顶钢板支座出现较严重锈蚀现象;第18、19跨盖梁西侧及第13跨盖梁东侧顶面出现渗水泛白现象,具体情况见图5-22和图5-23。

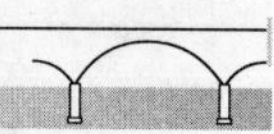

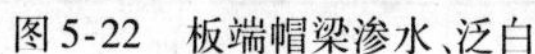

图 5-22 板端帽梁渗水、泛白

图 5-23 钢板支座锈蚀,墩顶伸缩缝漏水

5.2.2 结构损伤状况评定

依据该桥的定期检查结果,采用本书的评定体系和指标,该桥损伤状况综合分值为 80.0 分,属于三类桥。其中,上部结构损伤状况的分值为 66.55 分,属于四类部件,需要对上部结构进行大修。

全桥损伤技术状况评定如表 5-18 所示。

全桥损伤状况评定总表 表 5-18

桥 梁	权重值	评 分	评定等级
桥面系	0.20	87.23	2
上部结构	0.40	66.55	4
下部结构	0.40	89.87	2
桥梁损伤评分(BCI)	80.0	桥梁损伤状况技术等级	3

桥面系损伤状况评分汇总及扣分如表 5-19 ~ 表 5-24 所示。

桥面系损伤状况评分汇总表 表 5-19

桥 面 系	权 重 值	扣 分 值	权重值 × 扣分值
桥面铺装	0.38	10.0	3.8
伸缩装置	0.26	20.64	5.366
排水系统	0.20	14.0	2.8
人行道及附属设施	0.16	5.0	0.8
桥面系损伤总扣分值(MDP)			12.766

上部结构损伤状况评分汇总表 表 5-20

上 部 结 构	权 重 值	扣 分 值	权重值 × 扣分值
板体	0.88	34.0	29.92
支座	0.12	29.38	3.53
上部结构损伤总扣分值(MDP)			33.45

下部结构损伤状况评分汇总表　　表5-21

下部结构	权重值	扣分值	权重值×扣分值
盖梁	0.21	20.0	4.2
桥墩(台)	0.24	10	2.4
基础	0.29	5.0	1.45
耳背、翼墙	0.15	8.0	1.2
锥(护)坡	0.11	8.0	0.88
下部结构损伤总扣分值(MDP)			10.13

桥面铺装损伤状况及扣分表　　表5-22

桥面铺装	权重值	评定等级
纵横裂缝	0.42	1
网裂、龟裂	0.27	1
波浪、车辙、坑槽、坑洞、拥包、成片剥落	0.31	1
桥面铺装损伤总扣分值	10.0	

伸缩装置损伤状况及扣分表　　表5-23

伸缩装置	权重值	评定等级
螺母松动及钢材变形	0.44	1
缝内有沉积物	0.20	2
接缝处铺装破损	0.36	3
伸缩装置损伤总扣分值	20.64	

排水系统损伤状况及扣分表　　表5-24

排水系统	权重值	评定等级
防水层渗水	0.40	2
泄水管阻塞	0.29	1
泄水管、引水槽、排水孔残缺	0.15	1
桥头排水沟损坏	0.16	1
排水系统损伤总扣分值	14.0	

桥梁各构件损伤状况评定如表5-25～表5-32所示。

人行道损伤状况及扣分表　　表5-25

人行道	权重值	评定等级
人行道块件破损	0.27	1
栏杆、护栏破损	0.43	1
照明设施破损	0.17	1
标志、标线不清晰或残缺	0.13	1
人行道损伤总扣分值	5.0	

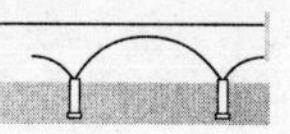

板体损伤状况及扣分表 表5-26

板　体	权 重 值	评 定 等 级
结构性裂缝	0.73	3
板体跨中下挠或其他变形	—	—
表观缺陷	0.27	3
板体损伤总扣分值	34.0	

支座损伤状况及扣分表 表5-27

支　座	权 重 值	评 定 等 级
老化、开裂、不均匀鼓凸与脱胶	0.36	3
变形、脱空、位置串动	0.33	2
支座垫板变形、压裂	0.31	3
支座损伤总扣分值	29.38	

盖梁损伤状况及扣分表 表5-28

盖　梁	权 重 值	评 定 等 级
结构性裂缝	0.75	2
表观缺陷	0.25	2
盖梁损伤总扣分值	20.0	

桥墩(台)损伤状况及扣分表 表5-29

桥墩(台)	权 重 值	评 定 等 级
墩(台)身结构性裂缝	0.36	1
位移、变形	0.46	1
表观缺陷	0.18	1
桥墩(台)损伤总扣分值	10	

基础损伤状况及扣分表 表5-30

基　础	权 重 值	评 定 等 级
冲刷、掏空	0.40	1
不均匀沉降、变形、开裂	0.60	1
基础损伤总扣分值	5.0	

耳背翼墙损伤状况及扣分表 表5-31

耳 背 翼 墙	权 重 值	评 定 等 级
结构性开裂、变形	1.0	1
耳背翼墙损伤总扣分值	8.0	

锥(护)坡损伤状况及扣分表 表5-32

锥(护)坡	权 重 值	评 定 等 级
铺砌面结构性开裂、下沉	1.0	1
锥(护)坡损伤总扣分值	8.0	

参考文献

[1] ISE. Appraisal of Existing Structures. London: Institution of Structural Engineers,1996.

[2] DoT. The Assessment of Highway Bridges and Structures. Department of Transport: UK,2001.

[3] CSA. Canadian Highway Bridge Design Code. CSA International: Canada,2006.

[4] Yao. J. T. P, Safety and Reliability of Existing Structure. London: Pitman Advanced Publishing Program,1985.

[5] Ah, T. B. , The Application of Fuzzy Mathematics to Bridge Condition Assessment. The Faculty of Purdur University,1988.

[6] DoT. Recording and Coding Guide for the Structure Inventory and Appraisal of the Nation's Bridges. FHWA Publications,1988.

[7] P, T. , et al. , The Pontis Bridge Management System. Structral Engineering International, 1998(8).

[8] Thoft P, C. , Advanced Bridge Management System. Structural Engineering Review, 1995, 7(3).

[9] J. de Brito, J. , et al. , An Expert System for Concrete Bridge Management. Engineering Structures, 1997. 19(7): 519 ~526.

[10] Brito, d. , B. J, and I. F. A, M. , A Knowledge - based System for Concrete Bridge Inspection. Concrete Intl - Design Constr, 1994, 16(2).

[11] Stephens, J. , E, Vonluchene, R. D. , Integrated assessment of seismic damage in structures. Microcomputers in Civil Engineering, 1994, 9(2): 119 - 128.

[12] Szewcryk, Z. P, Hajela, P. , Damage detection in structures based on feature - sensitive neural networks. Journal of Computing in Civil Englineering, 1994, 8(2).

[13] H. G. Melhem and S. Aturaliya, Bridge Condition Rating Using an Eigenvector of Priority Settings Microcomputers in Civil Engineering, 1996(11).

[14] 中华人民共和国交通部.公路旧桥承载能力鉴定方法(试行)[M]. 北京:人民交通出版社,1988

[15] 钱永久. 既有钢筋混凝土桥梁的评估与诊断[M]. 成都:西南交通大学出版社,1992.

[16] 吕克明. 桥梁损坏评估[M].土木工程学研究所,台湾:中央大学,1992.

[17] 唐继舜, 强士中,郑凯锋,桥梁工程设计数据库管理系统的研究[J]. 桥梁建设, 1996(4): 72-76.

[18] 王永平, 张宝银,张树仁.桥梁使用性能模糊评估专家系统[J]. 中国公路学报, 1996, 9(2): 62-67.

[19] 郑凯锋. 桥梁损伤评估对策专家系统的研究[M].成都:西南交通大学出版社,1997.

[20] 潘黎明,史家钧.桥梁安全性与耐久性综合评估研究[J]. 上海公路, 1997(11): 27-32.

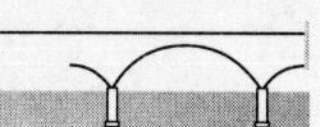

[21] 陈少文，袁海金，许均良. 公路桥梁损伤等级评价与处治对策系统研究[J]. 中南公路工程，1997(04).

[22] 姜海波，车惠民，钱永久. 一座既有铁路混凝土梁的承载力可靠性评估[J]. 桥梁建设，1998(02).

[23] 胡雄，等. 拉索桥梁安全性与耐久性评估的专家系统设计[J]. 应用力学学报，1998(04).

[24] 陆亚兴，殷建军，姚祖康. 桥梁缺损状况评价方法[J]. 中国公路学报，1999(9)：55-61.

[25] 张家维. 灰色方法评估既有混凝土桥梁碳化损伤及预测寿命[M]. 台湾：台湾海洋大学，2000.

[26] 吴家合. 模糊数学评估既有钢筋混凝土桥梁之损伤[M]. 台湾：台湾海洋大学，2002.

[27] 帅长斌，吕任东，冯晓平. 公路桥梁结构可靠性自动评估系统的研究[J]. 交通与计算机，2000(06).

[28] 张永清，冯忠居. 用层次分析法评价桥梁的安全性[J]. 西安公路交通大学学报，2001(03).

[29] 兰海，史家钧. 灰色关联分析与变权综合法在桥梁评估中的应用[J]. 同济大学学报(自然科学版)，2001(01).

[30] 夏明进，霍达，藤海文. 现有桥梁的可靠性分析[J]. 北京工业大学学报，2004. 30(1).